Couvertures supérieure et inférieure
manquantes

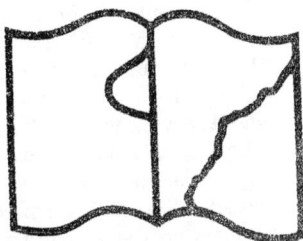

Texte détérioré — reliure défectueuse
NF Z 43-120-11

VALABLE POUR TOUT OU PARTIE
DU DOCUMENT REPRODUIT

ÉPISODES DE L'INVASION ANGLAISE

LA GUERRE DE PARTISANS

DANS

LA HAUTE NORMANDIE.

(1424-1429.)

L'histoire individuelle de certaines régions normandes, pendant la période sans nom qui dure de 1417 à 1450, représente l'un des éléments les plus positifs de tout essai d'analyse de l'occupation anglaise en France. Celle de Rouen et des contrées avoisinantes, centre et cœur de la domination étrangère, d'où l'invasion rayonne et s'épand, où elle se retrempe et retrouve des forces vives, est de celles qui offrent toujours d'invincibles tentations. Elle a ses chapitres célèbres, classiques et épuisés, sur lesquels il ne reste guère à revenir ; il en est d'autres fragments qui paraissent demeurés moins connus, ou, si l'on veut, moins explorés jusqu'ici. C'est toute une série de ces faits, rattachés l'un à l'autre par une même cause latente, par un même lien secret de sentiments, que cet aperçu voudrait essayer de signaler, de relier, et de classer à leur rang, dans le cadre et le milieu qui les réclament.

Les années qui s'écoulent entre l'été de 1424 et celui de 1429. depuis l'heure du désastre de Verneuil, qui anéantit dans les plaines du Perche la dernière armée nationale, jusqu'à la violente secousse provoquée par l'apparition de Jeanne d'Arc, passent généralement pour circonscrire le triomphe tranquille de la conquête étrangère en France. Auparavant, la défensive était traversée d'espoir ; depuis, le courage reprend avec la confiance et le goût héréditaire de l'attaque : dans l'intervalle, toute illusion semble abolie. « Ces quatre années de torpeur, bien plus que les treize qui avaient précédé, » a dit Quicherat, « furent ce qui mit la France à deux doigts de sa perte[1]. » La nappe d'invasion achève de croître avec lenteur, mais sans trêve : ses bords s'allongent vers l'Anjou, vers la Champagne; elle va noyer tout l'espace entre la Meuse et la Loire; en Normandie, depuis longtemps, rien n'émerge plus de son lisse niveau. Ce n'est plus la foudroyante irruption de la conquête, guidée par l'œil et le bras d'un Henri de Lancastre; mais la crue roule d'un flot sûr, et chaque année qui passe imprègne plus profondément le sol sur lequel elle s'étale et fait peser sa masse.

Pendant cette morne époque, qui tranche encore par sa teinte plus sombre sur la période ambiante, il pourra paraître intéressant de dégager et d'établir, dans la région vitale de la France anglaise, dans Rouen même et dans plusieurs pays prochains, l'existence d'un esprit d'insurrection aussi violent que vivace, dont la persistance et l'intensité sont faites pour étonner, retenir et dérouter l'observateur. Cet état se traduit, chez les populations des campagnes, par une somme d'événements expressifs, tous motivés par une même excitation profonde, s'éclairant l'un l'autre et se prêtant une mutuelle intelligence; derrière les remparts de la grande ville normande, il se révèle par une série de tentatives identiques, hardies, chimériques ou subtiles, toutes dénotant l'indomptable énergie des individus et l'ingénieuse fertilité de leur audace.

Des faits que cet exposé s'est efforcé de rassembler en corps, il ne faudrait pas conclure que cette guerre sans lois, par un défi à l'impossible, ait attendu pour éclater l'instant où sombrait la dernière chance française. Non. Il y avait des insurgés en armes dans les campagnes de Normandie, depuis le dimanche d'août 1417 où Henri V débarquait à Touques, et des conjurés résolus jusque dans Rouen, quelques semaines à peine après la capitulation de janvier 1419. L'événement de Verneuil, sur ce point, ne change rien à l'ordre de choses existant. Les gens de village qui, depuis le désastre, vont tenir les landes ou les bois, les hardis conspirateurs qui guettent le point faible d'un rempart ou d'une tour, comptaient déjà d'héroïques devanciers dont l'exemple leur montrait la voie.

1. *Aperçus nouveaux sur l'histoire de Jeanne d'Arc* (par. 2), p. 14.

Comme aveu de cette hostilité toujours en éveil, indépen-
damment des témoignages isolés des documents contemporains [1],
et sans parler des actes officiels dont les termes jettent un jour
singulier sur l'état du pays conquis, même alors qu'agissait et
commandait Henri V [2], il suffirait de consulter cette liste signi-
ficative qui porte le nom de vingt-sept Français exécutés à Rouen,
en huit mois, de juin 1423 à mars 1424, énumération saisissante
si rarement rassemblée sous cette forme, et qu'un hasard a conservée, seule parmi tant d'autres peut-être plus instructives
encore [3]. Noms obscurs ou surnoms populaires, on y voit figurer
deux Rouennais, douze natifs du pays de Caux ou du Lieuvin,
un Bas Normand, trois Picards, trois Orléanais [4], trois compagnons errants [5]. Le document qui contient l'énoncé de leur supplice, et au cours duquel gibet et échafaud alternent sans com-
mentaire, demande à être étudié loyalement, sans ironie facile.
Sous ces malfaiteurs d'apparence, sous ces criminels de surface,

1. De même genre que ceux qu'on trouvera cités pour la période de 1424 à
1429 (exécutions, faits de guerre, complicité), mais en moins forte proportion
toutefois.

2. Mandement de Henri V au duc de Glocester, daté de Bayeux, le 21 mars
1418, ordonnant de fixer aux insurgés un délai de deux semaines pour se sou-
mettre. « ... Omnes et singuli brigantes ac alii quicumque in locis privatis et
absconditis se tenentes... » (*Rôles norm. et franç.*, n° 1360). — Mandement de
Henri V aux baillis de Normandie, que les éditeurs datent de Rouen, le 27 juin
1421 (?), ordonnant de dresser la liste des réfractaires et de saisir leurs biens.
« ... Quia datum est nobis intelligi quod quàm plures nobiles et alii populares
de ducatu nostro Normannie... nonnulli ad hostes et inimicos nostros ac loca
in obedientia se traxerunt, alii vero ad cavernas, cavas, nemora et alia loca
insidiosa se diverterunt... » (*Id.*, n° 1001). — Mandement de Henri V aux baillis
de Normandie, ordonnant l'expulsion, dans la huitaine, de toutes les femmes
des dissidents. « Omnes et singule mulieres quarum mariti se tenent in patria
inobedienti, se trahant ad illos et non morantur in ducatu Normannie... »
(*Id.*, n° 1314). — *Rôles normands et français et autres pièces tirées des
Archives de Londres par Bréquigny*, en 1764, 1765 et 1766 (*Mémoires de la
Société des antiquaires de Normandie*, t. XXIII (3e série, t. III), année 1858).

3. Liste dressée à Rouen, le 5 août 1424. « Ensuient les noms des personnes
executez à Rouen, depuis le xviie jour de juing M CCCC XXIII jusques au ixe jour
de mars ensuivant eudit an. » (Bibl. nat., ms. fr. 26046, n° 79).

4. Les noms de ces patriotes originaires de l'Orléanais sont cités dans l ouvrage récent de M. L. Jarry, *le Compte de l'armée anglaise au siège d'Orléans*,
chap. III, par. 4 (*Mémoires de la Société historique et archéologique de l'Orléanais*, t. XXIII, année 1892).

5. Et deux Anglais, déserteurs sans doute, en tout vingt-neuf exécutions.

c'est autant de suspects, de proscrits et de combattants qui il convient de reconnaître, de définir et de réhabiliter.

Quant aux initiatives énergiques que pouvaient déjà compter les cités les mieux gardées, le premier essai de soulèvement tenté à Rouen même, au début de l'occupation ennemie, et dont une trace sommaire a été conservée, montre suffisamment quelles ressources latentes s'y maintenaient en réserve. Un passage assez imprécis du chroniqueur Pierre de Fenin signale seulement le fait d'une conjuration destinée à rendre la ville au parti français[1], peu de temps après la composition du 19 janvier 1419, mentionne son échec et les exécutions qui la suivent, et dénonce le rôle infamant que joue dans l'événement l'ancien capitaine bourguignon de la place, Guy Le Bouteiller, passé aux Anglais bien avant le traité de Troyes, qui feignit d'entrer dans le secret pour mieux livrer ses compatriotes de la veille[2]. D'autre part, dans l'été de 1419, on voit un acte authentique du roi d'Angleterre, alors à Mantes, commettre le comte de Warwick[3], avec pleins pouvoirs à cet

1. « En la main du Roy. » Il s'agit donc du parti bourguignon, maître de la personne de Charles VI et du gouvernement de la France, depuis la surprise de Paris dans la nuit du 28 mai 1418. A ce moment même, la haute Normandie, où l'invasion n'avait encore atteint que Harfleur, était presque également partagée entre les deux partis d'Armagnac et de Bourgogne, dont les positions sont incroyablement enchevêtrées. Voir sur ce point le curieux document publié par M. de Beaurepaire : *Accord conclu entre les capitaines du parti de Bourgogne et les capitaines du parti d'Orléans, 5 juin 1418* (*Bibliothèque de l'École des chartes*, t. XXXVI, année 1875, p. 307-319). — Auparavant, le théâtre de la guerre ne s'étant porté qu'en basse Normandie, où le parti bourguignon n'avait aucune racine, on ne peut guère citer d'opérations entreprises par ce dernier contre l'ennemi national. — Depuis, jusqu'à l'ouverture des négociations de Troyes, au début de 1420, les Anglais ont encore double sorte d'adversaires : le gouvernement bourguignon entre Rouen et Paris, le parti dauphinois sur les frontières du Maine et de basse Normandie, et sur celles de Picardie et du pays de Caux.

2. La Chronique de Pierre de Fenin est seule à mentionner cette première conjuration, sans lui assigner aucune date particulière; elle y fait seulement allusion après le récit du siège de Rouen, en même temps qu'elle indique la défection de Guy Le Bouteiller et le don de la terre de la Roche-Guyon, à lui attribuée comme on sait (*Mémoires de Pierre de Fenin*, éd. de Mlle Dupont, p. 104-105). Le récit de cet épisode se trouve dans l'*Histoire de Rouen* de M. Chéruel (*Histoire de Rouen sous la domination anglaise au XVe siècle*. Rouen, 1840, p. 78-79 et 140-141.)

3. Richard Beauchamp, comte de Warwick, né en 1382, mort à Rouen le 30 avril 1439, commandant de la place de Rouen pendant le procès de Jeanne

effet, pour instituer une enquête sur le complot récemment tramé
contre la sûreté de Rouen[1]. En rapprochant de ce document la brève
allusion de la chronique, on voit que cette première conjuration
dut se nouer et se laisser trahir dans le courant de juillet, moins
de six mois après la capitulation du 19 janvier[2], au moment
même où s'achevait, aux entrevues de Pouilly, le plus sérieux des
rapprochements tentés jusqu'à ce jour entre les deux partis qui
déchiraient la France[3]. Il est probable que cette entreprise se

d'Arc, beau-père de Richard Nevil, comte de Warwick, le *Faiseur de rois* de la
guerre des Deux-Roses.

1. Lettres de Henri V, datées de Mantes, le 23 juillet 1419. « ... Ad inqui-
rendum de omnibus et singulis rebus infrà villam de Rouen contrà statum et
majestatem regiam et in perdicionem predicte ville per quoscumque et quali-
tercumque perpetratis... » (*Rôles norm. et franç.*, n° 1261 : 48.)

2. L'*Histoire de Rouen sous la domination anglaise* (*ll. cc.*) place cet événement à l'époque où Guy Le Bouteiller, en possession de plusieurs seigneuries
et de la terre de la Roche-Guyon, aurait exercé les fonctions de bailli de Rouen,
entre Walter Beauchamp et John Kygley.

Guy Le Bouteiller reçoit en don du roi d'Angleterre, — le 16 mars 1419 (*Rôles
norm. et franç.*, n° 329) : dans le Vexin normand, des terres situées au Plessis
(comm. de Touffreville), à Écouis (et non à Conches), à Touffreville, Fleury-
la-Forêt, Morgny, Lilly, Gamaches ; dans le pays de Bray, à Massy ; dans le
pays de Caux, au Bourg-Dun ; aux environs de Rouen, à Boisguillaume ; — le
20 mars 1420, la seigneurie et le château de la Roche-Guyon (*Rôles norm. et
franç.*, n° 783), qui avait capitulé en avril 1419 (*Chroniques de Normandie*,
éd. Hellot, p. 48, et notes, n. 140).

Il ne paraît pas qu'il ait jamais été bailli de Rouen. L'origine de cette erreur
doit remonter à la liste dressée par Farin (*Histoire de la ville de Rouen*, 1668,
3 vol. in-4°), qui inscrit en effet Guy Le Bouteiller parmi les titulaires de cette
fonction, à la date de 1420, entre « Gautier de Beauchamp », premier bailli anglais,
et « Jean de Liglai ». Or Walter Beauchamp, chevalier, qui n'a rien de commun
avec Richard Beauchamp, comte de Warwick, ni avec Jehan Bauchamp, commandant de Pont-de-l'Arche, nommé bailli de Rouen par lettres de Henri V, du
19 janv. 1419 (*Rôles norm. et franç.*, n° 1215), est encore en charge au 27 déc. 1420
(Bibl. nat., Cab. des Titres, P. or., *Beauchamp* 5296, n° 23). D'autre part, John
Kygley, chevalier, apparaît comme bailli de Rouen, cité dès la date du 14 févr.
1421 (Ibid., *Kigley*, n° 2). — On voit encore ce dernier en charge au 8 oct. 1421
(*Rôles*, n° 1039). John Salvayn, qui lui succède, est cité à la date d'oct. 1422
(Bibl. nat., ms. fr. 26046, n° 4 et 6) et encore au 18 nov. 1447 (P. or., *Salvain*,
n° 58). Sur sa gestion, sur l'intérim de Raoul Bouteiller, l'ancien bailli de Caux,
pendant le procès de Jeanne d'Arc, et sur son successeur Henry Redford, dernier
bailli anglais, voir la savante étude de M. de Beaurepaire, *Recherches sur le
procès de condamnation de Jeanne d'Arc* (*Précis analytique des travaux de
l'Académie des sciences, belles-lettres et arts de Rouen*, années 1867-1868).

3. Le 11 juillet 1419, après quatre jours d'entrevue, un traité de paix venait
d'être signé à Pouilly, près de Melun, entre le dauphin et le duc de Bourgogne,

reliait au projet pareil surpris à Neufchâtel[1], et dont un acte analogue, confiant une semblable mission au comte de Kent[2], révèle à cette époque l'existence et l'insuccès[3].

Vers le même temps, une tentative aussi hasardeuse réussissait à Saint-Martin-le-Gaillard[4], vers les frontières de Picardie, et mettait pour quelque temps la place aux mains des Dauphinois[5]. Une autre échouait à Dieppe[6] : des lettres de grâce, accordées quelques mois plus tard à deux des affidés, constatent la sanglante répression du complot en même temps que les inquiétudes qu'il a fait naître[7].

à la suite de l'échec des conférences de Meulan entre le gouvernement bourguignon et le ro d'Angleterre : ces négociations avaient duré du 30 mai au 30 juin; jusqu'au 7 juillet, Jean Sans-Peur est encore à Pontoise (De Beaucourt, *Histoire de Charles VII*, t. I, p. 43-44, 126-127 et 143-153). On verra plus tard, en 1424, la première conjuration de Richard Mites se reformer à Rouen dans des circonstances presque pareilles.

1. On ne voit pas bien l'époque de la capitulation de Neufchâtel-en-Bray. Gournay s'était rendu le 9 février 1419 (Hellot, notes des *Chroniques de Normandie*, p. 212, n. 131, et p. 220, n. 137). D'une concession d'office confisqué, on pourrait déduire que Neufchâtel était tombé avant le 14 février (*Rôles norm. et franç.*, n° 290, p. 50, col. 2, n° 16).

2. Gilbert Humphreville, comte de Kent, tué à la bataille de Baugé le 22 mars 1421, l'un des commissaires de la capitulation de Rouen. Par une coïncidence singulière, entre autres concessions de fiefs en Normandie, il s'était fait attribuer la terre d'Amfreville-sur-Iton, confisquée sur Pierre d'Amfreville (*Rôles norm. et franç.*, n°° 1013 et 593), d'où celui de ses aïeux qui avait passé en Angleterre avec le Conquérant tirait peut-être, avec la déformation d'usage, son origine et son nom patronymique.

3. Lettres de Henri V, datées de Mantes, le 23 juillet 1419. Même libellé que celles du comté de Warwick concernant Rouen (*Rôles norm. et franç.*, n° 1261 : 48).

4. Saint-Martin-le-Gaillard avait capitulé le 15 février 1419 (Hellot, notes des *Chron. de Norm.*, n. 131 et n. 147).

5. Le 15 août 1419, les Anglais, qui réassiégeaient la place, selon la remarque bien fondée de M. Hellot, sont mis en déroute par un parti français (*Chron. de Norm.*, éd. Hellot, p. 51 et notes, p. 215, n. 147). Sur l'alliance des capitaines bourguignons et dauphinois pour cette opération, voir *Monstrelet*, éd. Douët d'Arcq, t. III, p. 334-337, et le curieux passage de la Chronique bourguignonne anonyme publiée par M. Kervyn de Lettenhove sous le nom du Livre des trahisons de France : « Monseigneur de Lille-Adam prist la croix droitte, la porta et fist porter à touttes ses gens, » etc. (*Livre des trahisons*, éd. K. de Lettenhove, p. 143).

6. Dieppe avait capitulé le 8 février 1419 (Hellot, notes des *Chron. de Norm.*, n. 131).

7. Lettres de Henri V, datées de Rouen, le 28 janvier 1420, graciant Cardot

Mais alors tout ressort moral n'est pas encore détendu : on se bat pour un objet visible et prochain, et la répétition des revers n'a pas encore stérilisé tout effort. La partie conserve une fraction d'imprévu : on peut toujours compter sur un heureux retour de chance, comme à Baugé, comme à la Gravelle. Depuis la journée de Verneuil, tout paraît transformé. Ce que le désastre entraîne avec lui de particulier, c'est la vanité de toute lutte, l'inutilité de tout plan d'ensemble, c'est la désorganisation, l'anarchie de la défense. La France est acculée : l'espace étroit où elle se débat encore fond et se réduit à vue d'œil : elle peut compter les heures qui lui restent à vivre.

...u cours de ces lourdes et poignantes années, tout indice d'insurrection particulière, tout exemple de soulèvement individuel mérite d'être relevé et suivi avec ardeur. Il n'est pas de détail qui ne doive trouver sa place dans l'histoire dispersée de ce temps, s'il marque un essai de recours aux armes et une volonté d'agir. L'assemblage des faits qui composent cet aperçu commencera peut-être à créer, — avec combien de lacunes irritantes, — la chronique de la guerre locale, de la guerre née du sol, dans certains cantons de France. Il exposera, d'autre part, la série émouvante des conjurations qui se succèdent à Rouen : en distinguant l'une de l'autre deux d'entre elles, souvent confondues et transposées hors de leur cadre réel, il en dévoilera deux autres qui ne semblent pas encore avoir été classées. Les recherches qui suivent n'ont, d'ailleurs d'autre intention que celle d'essayer une ébauche et d'esquisser comment survécut et dura, dans quelques régions du pays conquis, la résistance tenace et désespérée des derniers défenseurs de l'idée nationale.

Divers et Michel de Ronchois, complices de la conjuration, en considération de leurs aveux. « ... Nuper tanquam suspectus cujusdam prodicionis infrà villam nostram de Dieppe per quosdam inimicos et proditores nostros maginate, commisse et perpetrate... que quidem persone capitalem sentenciam postmodum subierunt (*Rôles norm. et franç.*, n° 737).

LES PARTISANS.

Entre les bornes qui viennent d'être posées, de 1424 à 1429, un certain nombre de régions du plat pays normand, d'un bord et de l'autre de la grande voie de la Seine, apparaissent comme le domaine incontesté de compagnies de partisans[1] qui tiennent résolument la campagne, menacent les approches des villes et constituent une alarme continuelle pour les forces de l'occupation étrangère[2]. Pour ne parler que de la Haute Normandie, on les voit agir vers le haut pays d'Auge, autour de Lisieux, Orbec et Bernay; dans le Lieuvin, entre la Touques et la Rille; dans les forêts et les plateaux du Vexin; vers les limites indécises du pays de Bray, du comté d'Eu et du pays de Caux[3]. Ces partisans ont

1. J'use à dessein de ce terme, avec peut-être un regret de n'avoir pas cru devoir employer quelqu'une des expressions modernes qui en feraient mieux saisir la valeur, mais risqueraient d'en dénaturer la portée. Dans sa généralité, il rend d'ailleurs suffisamment l'état d'esprit qu'il tend à définir. Il a été employé dans ce sens par M. Quicherat (*Aperçus nouveaux sur l'histoire de Jeanne d'Arc*, par. 2, p. 17), et par M. Siméon Luce (*Philippe Le Cat. : un complot contre les Anglais à Cherbourg* (*Mémoires de l'Académie des sciences, arts et belles-lettres de Caen*, t. XLII, années 1887-1888), et *Chronique du Mont-Saint-Michel*, Pièces justificatives, t. I, p. 141, n. 1).

2. Thomas Basin leur a consacré un de ses plus curieux chapitres, où, sans citer de faits spéciaux, il peint en termes énergiques leur condition désespérée et la terreur qu'ils inspirent. La distinction entre les partisans proprement dits et les corps français, eux-mêmes plus ou moins irréguliers, qui se battaient aux frontières, y est parfaitement caractérisée. Évêque de Lisieux de 1447 à 1474, dans la région même où les partisans furent le plus fortement organisés et où la guerre de haies compta le plus de complices, son témoignage est particulièrement sûr et précieux. Il ne paraît y avoir rien d'exagéré dans le chiffre des dix mille exécutions dont il parle. Il est à noter que ce chapitre se place justement entre Verneuil et le siège d'Orléans (*Thomas Basin*, éd. Quicherat, t. I, p. 56-61, livre III, ch. 11). Les Chroniques de Normandie ne mentionnent les partisans qu'en 1435, à l'heure des grands soulèvements de la campagne de Caen et du pays cauchois (*Chron. de Norm.*, éd. Hellot, p. 82). Pierre Cauchon ne paraît pas s'en être préoccupé. Cet état n'a rien de commun avec celui que signale le Religieux de Saint-Denis, au fort de la guerre civile, entre 1408 et 1417, dans le Valois et la région de Paris, et qui, dans cette région, ne provient que des passions politiques, alors si violentes dans chaque village (*Religieux de Saint-Denis*, éd. Bellaguet, t. IV, p. 454 et ss.; t. VI, p. 89, 137).

3. Il est évident qu'il existe des partisans dans toute la Normandie, de la forêt d'Eu jusqu'à la Hague. Mais, *à cette époque*, ce n'est qu'en haute Normandie, dans les contrées qui viennent d'être citées, qu'on les voit organisés

une organisation, des chefs et des armes ; ils conduisent des opérations de guerre et terrorisent des régions ; ils restent en relations constantes avec les garnisons françaises des frontières, qui
reculent chaque année, mais avec lesquelles ils savent garder la
filière et le contact[1].

Sans doute, leur façon de comprendre la guerre n'a rien de la
pratique d'un tournoi. Ils rançonnent sans scrupules, pillent pour
vivre, se livrent à tous les actes qui, en tout temps et en tout lieu,
caractérisent la contre-partie inévitable de toute guerre de buis-
sons. Mais la recette d'un collecteur des tailles est de gaie prise,
quand l'argent doit passer à Rouen, pour payer le siège du Mont-
Saint-Michel ou le blocus d'Orléans ; les chevaux de rechange
sont bons à enlever en pleins champs quand la chasse des garnisons voisines serre une compagnie de trop près. Jamais résistance
improvisée, jamais défense du sol ne s'est maintenu sans risques,
sans hasards pareils. Essayer l'excuse ou l'apologie serait puéril.
Une telle guerre, sans code et sans quartier, vit d'elle-même,
et ne choisit pas ses ressources.

Il vaut mieux se rappeler qu'ils sont hors la loi, bons pour
l'exécution sommaire, sur simple constatation de leur personne,
et que dans les halliers, les carrières abandonnées, les côtes
rocheuses où ils « repairent, » ils se savent réduits à la condition
d'animaux de chasse[2]. De même que le fait de rebellion, toute
aide, toute assistance à eux portée implique peine de mort ; le recel
est poursuivi comme l'insurrection[3], et les femmes convaincues

---

et *livrant des combats.* En basse Normandie, les exécutions sont nombreuses,
mais on ne voit guère de compagnies encadrées comme celles des Guillaume
Halley, des Perrot Le Saige, des Jeannequin de Villers, des Le Roy de Vales-
court.

1. Voici comment Thomas Basin les différencie des partis français des frontières : « Præter vero eos qui pro Francorum partibus se militari dicebant, et,
licet plerumque absque ordine et stipendio, tamen oppida et castra incolebant
quæ Francis parerent et sese ac prædas suas in iisdem receptabant, erant alii
sine numero desperati atque perditi homines, qui... relictis agris et domibus
propriis, non quidem Francorum oppida seu castra incolerent, aut in eorum
exercitibus militarent, sed ferarum more ac luporum densissima silvarum et
inaccessa loca tenebant. »

2. Témoignage de Thomas Basin : « Licet Anglici eos cùm potuissent, sine
ulla miseratione trucidantes, frequentissime perquirerent, perlustrantes et *cani-
bus eas cingentes et pervagantes...* »

3. Voir sur ce point les nombreuses lettres de rémission citées ci-dessous,
et le témoignage de Thomas Basin : « Tam de ipsis quam de eorumdem recep-
tatoribus, quibus non dissimile judicium reddebatur. »

de les avoir secourus sont enterrées vives au pied des gibets[1].
Souvent même leur disponible ne trouve pas grâce, et, s'ils sont tués
dans la rencontre ou la poursuite, leur cadavre se voit refuser la
sépulture en terre sainte[2]. Leur vie a sa cote, comme la peau
d'un loup. Elle vaut six livres, payées à qui les prend. En octobre
1424, on publie de nouveau, dans toute la Normandie[3], les ordonnances royales qui règlent leur sort[4]. Six livres par corps, tel est
le prix d'un partisan, amené vivant au siège de la vicomté. C'est
le prix de l'homme : si la capture est opérée en bande, chacun
reçoit sa part de prises ; si le lot de victimes compte plusieurs
têtes, accroissement proportionnel de la prime et répartition cor-
respondante au nombre des preneurs. En tout cas, défense absolue à tout homme de troupe, à tout capitaine ou lieutenant, de
faire financer directement les prisonniers entre leurs mains : c'est
à l'administration qu'ils doivent les remettre, contre paiement
réglementaire et tarifé[5]. Autour de toutes les places, de tous les
lieux de garnison, ce gibier humain devient l'objet d'un trafic
habituel[6], et souvent la quittance de l'homme d'armes ou de l'ar-
cher, qui a traqué et pris un insurgé, décapité au lieu de justice
le plus proche, figure presqu'en mêmes termes à côté de celle du

1. Thomasse Raoul, d'Esquay-sur-Seulles, à Bayeux, en avril 1424; Jeanne
La Hardie, à Falaise, en avril 1435 (Siméon Luce, *Chron. du Mont-Saint-
Michel*, Pièces just., n** 24 et 172, et Bibl. nat., ms. fr. 26061, n° 2920). —
Une femme est brûlée à Paris, à la suite de la découverte de la conjuration de
décembre 1422 (*Chronique dite des Cordeliers*, Bibl. nat., ms. fr. 23018,
fol. 432, et *Monstrelet*, éd. Douët d'Arcq, t. IV, p. 135). Deux autres subissent
le même supplice, on ne voit pas pour quel motif : à Bayeux, en 1436 (Bibl.
nat., ms. fr. 26061, n° 2874); à Carentan, en 1438 (Id., 26066, n° 3807).
2. Prise de Colin Rose, à Songeons (Oise, ch.-l. de cant., arr. de Beauvais),
amené mort à Gournay (Seine-Inférieure, arr. de Neufchâtel) en mars 1426
(Bibl. nat., ms. fr. 26049, n° 558).
3. Mandement de Henri VI aux baillis de Normandie, visé dans un mandement du bailli de Cotentin au vicomte de Cherbourg, daté du siège devant le
Mont-Saint-Michel, le 20 octobre 1424 (Bibl. nat., ms. fr. 26047, n° 338. Pièce
just., 2).
4. Ce mandement se réfère à des ordonnances antérieures. Cf. entre autres :
Bibl. nat., ms. fr. 26046, n° 168; 26047, n** 263, 264. Cf. le témoignage de Thomas Basin (*l. c.*) : « Erat enim publico edictu occidentibus vel adducentibus
Brigandos certum salarium de fisco regis propositum et constitutum. »
5. Sur la défense de faire composer directement les insurgés prisonniers,
voir le mandement de Henri V aux baillis de Normandie, daté de Rouen, le
8 décembre 1421 (*Rôles norm. et franç.*, n° 1061).
6. A ce tarif répondent toutes les pièces citées ci-dessous, ainsi du reste que
celles éditées ailleurs.

louvetier, qui déclare le résultat de sa chasse et touche le prix du pied de la bête fauve.

Les débris de la comptabilité de l'époque fournissent sur leur caractère et leur identité réelle des renseignements qui font loi. Ils demandent toutefois à être consultés, non seulement avec suite, mais encore, et surtout, avec bonne foi.

Quiconque les a compulsés y a distingué facilement, entre autres classes de pièces, les quittances de soldats étrangers et d'exécuteurs de justice qui reconnaissent avoir touché leur prime de capture ou leur salaire de métier, et les mandements de taxation émanés des fonctionnaires compétents, baillis, lieutenants de bailliage ou vicomtes, qui ordonnancent les paiements à effectuer pour l'un ou l'autre de ces objets. Dans tous ceux de ces documents où se trouve relevée une imputation criminelle, le terme toujours employé, seul ou joint à d'autres analogues, est celui de « brigand », que les rédactions latines, négligeant les équivalents insuffisants de la langue classique, traduisent par un vocable directement calqué sur la forme vulgaire[1]. Les qualifications de larron, pillard, meurtrier, guetteur de chemins, à l'une ou plusieurs desquelles on le trouve souvent accolé, pourraient porter à présumer des méfaits d'ordre banal et sans intérêt particulier. Les termes plus expressifs de traître, ennemi et adversaire du roi, criminel de lèse-majesté, espion de forteresses, qui, dans le même acte ou dans un autre relatif au même personnage, ont soin de préciser l'inculpation, donnent bientôt à réfléchir et fournissent la solution du problème.

Dans tout le pays de conquête, à cette époque, tout Français qualifié de « brigand », ou d'une appellation analogue, est un partisan qui tient la campagne ou les bois, un patriote qui a refusé le serment ou renié une soumission passagère, déchiré la « bullette de ligeance » délivrée aux premiers jours de l'occupation par les fonctionnaires de l'étranger[1]. Du reste, si des associations

---

1. « Omnes et singuli brigantes, » en 1418. — « Per brigantes et alias gentes partem Francie tenentes » (pays d'Ouche, en 1419). — « Propter metum et confluentiam brigandorum » (pays d'Auge), en 1419. — « Effecti predones et brigandi, » en 1421. — « Propter confluentiam brigandorum in partibus d'Auge « pays d'Auge), en 1422 (Rôles norm. et franç., nᵒˢ 1360, 272, 651, 1001, 1315). — « Hoc si quidem genus desperatorum hominum, qui vulgò brigandi appellabantur » (Thomas Basin, éd. Quicherat, t. I, p. 57).

2. Le type de ces sortes d'actes a été dégagé et établi par M. Siméon Luce

de détrousseurs vulgaires exploitent le pays, les actes officiels les distinguent des combattants irréguliers en armes : l'un d'eux, singulièrement caractéristique, a conservé la trace de pareil fait, survenant vers les confins du pays d'Auge, où des malfaiteurs rançonnent un village, « feignants être brigands nos ennemis », dit le texte qui accorde sa grâce à l'un d'eux [1].

Il y a plus. Certaines pièces comptables, entièrement muettes sur toute espèce de qualification, ne contiennent que l'énoncé du fait pour lequel elles ont été dressées. Celles qui ont trait à une capture en rase campagne, effectuée par un homme d'armes ou quelque escouade d'un poste voisin, se passent d'explication superflue, et trahissent par elles-mêmes un acte d'insurrection manifeste. Il en est d'autres, moins explicites sans doute, se rapportant à une exécution légale, par exemple, et ne paraissant pas forcément comporter, à première vue, une signification semblable. Or, ces dernières aussi, dans leur silence énigmatique, n'en doivent pas moins être interprétées dans le même sens que les précédentes, comme indices d'un fait de guerre ou de rébellion déclarée. En effet, quand tel document de trésorerie, une quittance de salaire par exemple, mentionne sèchement quelque mise à mort à Rouen, à Caudebec ou à Bernay, telle autre pièce annexe, mandement de taxation ou ordonnance de paiement, spécifie nettement la prévention [2]. Sous la victime jugée ou dépêchée « pour ses démérites », selon l'expression administrative et consacrée, elle permet ainsi de soupçonner et de restituer à son vrai caractère le « brigand », l'insurgé tenant le plat pays, pris sur les routes, en forêt, sur la rivière ou dans les ruines d'un lieu fort, les armes à la main et combattant l'étranger [2]. Le cas est si fré-

dans la *Chronique du Mont-Saint-Michel*, Pièces justificatives, t. I, n° 2. Cf. *Monstrelet*, éd. Douët d'Arcq, t. III, p. 309-310, et le récit, évidemment d'un témoin oculaire, présenté par le Livre des trahisons : « Sy les bailloient sur le selle ou le dos de la main pour telle ville ou pour autant de tels hommes ou telles maisons » (*Livre des Trahisons*, éd. K. de Lettenhove, p. 141).

1. Rémission pour Vincent Lerbese, journalier, de la Haye-Saint-Silvestre (Eure, canton de Rugles), en date du 12 juin 1427 : faits récents (Arch. nat., JJ 173, n° 694).

2. Quelquefois avec moins de renseignements sur le lieu d'origine et la condition civile du personnage que n'en contient la quittance.

3. C'est ainsi qu'on a pu, dans ce qui suit, reconnaître l'identité réelle de Pierre de Cleuville, l'un des conjurés du second complot rouennais de Richard

quent, et détermine si bien la règle, que là où la pièce explicative fait défaut, il n'y a pas lieu de se préoccuper de son absence. Il serait d'ailleurs puéril de vouloir établir une distinction entre le mode de suppression des uns ou des autres. La corde, comme la hache ou la noyade, marque alors le terme de tant de vaillantes existences, qu'il ne faut pas songer, sur un détail aussi mesquin, à baser aucune répartition arbitraire ni à vouloir confondre malandrins et patriotes.

Ce principe donc se démontre. Sauf indication formellement contraire, tout Français exécuté en Normandie, pendant l'occupation étrangère, est un patriote condamné. Pour qui rencontre un de ces témoignages, explicites ou non, mentionnant le supplice d'un paysan, d'un ouvrier de métier, d'un écuyer de la petite noblesse rurale, le souci de la vérité s'impose. Autant de « brigands » traqués, arrêtés, questionnés, autant d'exécutions sommaires, sans cause apparente, de la Bresle au Couesnon, autant d'insurgés, autant de victimes qui tombent pour le nom de France.

LES COMPAGNIES.

Les partisans, groupés en compagnies irrégulières, ne possédant ni lieux forts ni enceintes, n'ayant à eux que la campagne, ont une organisation, un genre de vie dont il convient de réunir quelques traits[1].

Ils ont entre eux un mot d'ordre, une formule de serment[2]. Un des chefs qui tiennent le Lieuvin, en 1426, fait jurer au volontaire entré dans la troupe « que de tout son pouvoir il nuirait et greverait les Anglais[3]. » Ils ont des éclaireurs, des guides en titre, des indicateurs, continuant à résider au village, au bourg ou à la ville, qui battent les champs, les routes, les marchés, par

Mités, en 1427, et établir le fait de la conspiration préparée par le chef de partisans Pierre Le Bigourdais, en 1428.

1. Tous les renseignements cités au cours de ce chapitre se réfèrent à des faits se rapportant aux années 1424-1429, limites, comme on l'a vu, assignées à cette étude.

2. « Le serement tel qu'ils ont acoustumé faire entre eulx. » Arch. nat., JJ 173, n° 513. — « Auquel fist faire screment de le servir bien et loyaument. » Arch. nat., JJ 173, n° 534.

3. « Et que de tout son povoir il nuyroit et greveroit les Anglois et tous autres noz subgez. » Arch. nat., JJ 183, n° 534.

occasion de culture ou de métier, leur signalent les coups à ten-
ter, font de la propagande et leur expédient des recrues[1]. Quand
un nouveau venu demande à entrer dans le rang, une enquête
s'opère, afin de savoir quel mobile le pousse : si c'est une rancune
personnelle contre un compatriote, un goût passager d'aventures,
on le surveille sans le perdre de vue : jusqu'à plus mûre épreuve,
il ne figure pas sur le même pied que l'engagé d'élite, dont on con-
naît la haine sans remède contre l'étranger et l'énergie prête à
tous les risques[2]. Quelques-uns même, pour ne pas compromettre
leurs parents et leurs familles restées au pays, prennent des pseu-
donymes et des noms de guerre, qui ne mettent qu'eux seuls en
péril et leur laissent toute liberté d'action[3].

Dans la compagnie ainsi montée, une comptabilité curieuse se
tient, qui assure à chacun sa part de prise, qui prélève au fur et
à mesure les frais d'équipement sur le fonds de bénéfices individuel[4]. Le rançonnage est un de leurs moyens courants d'existence[5]; l'industrie s'opère sur les petits fonctionnaires locaux,
sergents, receveurs des aides, collecteurs d'impôts[6]. D'autre part,
ils payent consciencieusement les provisions, les denrées de
toute sorte dont il leur serait aisé de s'emparer par force ou de
réquisitionner par menace. Un parti traqué dans le Vexin, vers
Méru et Chaumont, règle ses frais de subsistance dans le hameau
écarté de Neuvillebosc[7], où les fugitifs se font apporter des vivres[8].
D'autres partisans, près de Trie-Château[9], agissent exactement
de même, et payent scrupuleusement le repas au cours duquel on
a réglé l'enlèvement d'un fonctionnaire anglais du voisinage[10].
Une compagnie, entre Pont-Audemer et Honfleur, se fait livrer,
dans le bourg d'Épaignes[11], dix-huit paires de souliers, que l'ouvrier porte dans les bois et dont il touche le prix[12]. Une bande,

1. Arch. nat., JJ 173, nᵒˢ 38, 379, 436, 513, 515, 534.
2. Arch. nat., JJ 173, nᵒˢ 534, 537.
3. Arch. nat., JJ 173, nᵒ 355. Bibl. nat., ms. fr. 26050, nᵒ 889.
4. Arch. nat., JJ 173, nᵒˢ 534, 537, 671 et 673.
5. Entre autres : Arch. nat., JJ 173, nᵒˢ 390, 443, 513, 515, 523, 534, 671 et 673.
6. Arch. nat., JJ 173, nᵒˢ 355, 520.
7. Oise, cant. de Méru.
8. Arch. nat., JJ 173, nᵒˢ 256, 269.
9 Oise, cant. de Chaumont-en-Vexin.
10. Arch. nat., JJ 173, nᵒ 443.
11. Eure, cant. de Cormeilles.
12. Arch. nat., JJ 173, nᵒ 436.

cantonnée dans les bois qui bordent l'Avre, aux alentours de Verneuil[1], expédie à trente lieues de distance, au chirurgien qui a guéri un de ses blessés, le faible salaire qui lui est dû pour ses soins[2].

Dans les villages, les hameaux, les maisons écartées en lisière des bois, les partisans ont des complicités, des intelligences, que n'effrayent pas les terribles pénalités édictées contre le recel, et qui leur assurent le ravitaillement, l'espionnage et le secret. Des prêtres du petit clergé des campagnes leur servent d'intermédiaires, vont pour eux aux nouvelles, leur donnent la liste de leurs morts, correspondent avec eux et les partis français du voisinage, quand ils ne combattent pas dans le rang, les armes à la main[3]. Dans la population rurale, des paysans, des femmes leur portent dans leur abri, carrière, hallier ou ravin, des vivres frais, des provisions de toute espèce[4]. Ils se procurent ainsi des vêtements, ici des souliers, des chausses, des pelisses, des chapeaux, là une pièce de futaine, des pièces de drap, de bourrette, de toile[5]. Sur les limites du Bray et du Beauvaisis, une compagnie possède mieux encore : elle a dans les bois un parc à bétail, un dépôt de fourrage, des approvisionnements de victuailles, beurres et fromages, des barils de liquides ; elle va vendanger pour son compte les vignes du curé de Goincourt[6] et fait du vin sur place, en forêt, avec des pressoirs installés à l'abri : elle organise des chasses et va braconner tout le gibier de la garenne de Milly[7], qui est à l'évêque Pierre Cauchon[8].

Ils ont aussi leurs blessés, qu'ils traînent avec eux comme ils peuvent, qu'ils font soigner et laissent en garde entres des mains sûres[9]. Quelques récits contemporains ont conservé la trace de certaines scènes de ce genre où revivent de curieux traits de

1. Eure, arr. d'Evreux.
2. Arch. nat., JJ 173, n° 201.
3. Arch. nat., JJ 173, n°* 79, 104, 379, 430, 539, 692.
4. C'est le cas le plus fréquemment mentionné par les lettres de rémission contemporaines. Presque toutes celles citées ici le signalent comme principal ou connexe.
5. Arch. nat., JJ 173, n°* 38, 203, 322, 334, 436, 699, 535, 677.
6. Oise, cant. de Beauvais-Sud.
7. Oise, cant. de Marseille-le-Petit.
8. Arch. nat., JJ 173, n° 677.
9. Arch. nat., JJ 173, n°* 201, 390, 692.

mœurs. — Un jeune chirurgien-barbier de Breteuil[1], Chardot Honfroy, qui exerce dans le canton, sur les lisières du Perche, vers Pâques 1425, courant les campagnes et les marchés, avec sa trousse et ses outils, « ainsi que tels pauvres compagnons font quand ils n'ont que besogner », est un jour guetté dans sa tournée, près du village de Séez-Moulins[2], par une femme du pays, accourue le chercher de la part de Jean Havage, partisan, tenant les bois du voisinage, qui vient d'être dangereusement atteint dans une rencontre et se trouve caché près de Dampierre-sur-Avre[3]. Le chirurgien se rend dans sa retraite, le panse, reste deux jours et deux nuits auprès de lui, au milieu de la compagnie, puis, effrayé des conséquences de son action, s'enfuit à Fécamp, sous prétexte de pèlerinage, où lui parvient à travers toute la Normandie, en rémunération de ses soins, un paiement en nature, « une paire de chausses vermeilles », humble et vraiment touchant témoignage de la reconnaissance du blessé[4]. — Ailleurs, en Vexin normand, dans la forêt de Lyons, en pays hanté de bandes bien armées, frère Laurent Anquetil, religieux de l'abbaye de Mortemer[5], se rendant un matin de l'hiver de 1427, après sa messe, à la culture qu'il a prise à bail, à la Lande[6], près de Lyons, rencontre un parti d'une douzaine de partisans en retraite, emportant avec eux leur chef, un noble du pays, Jeannequin de Villers, très maltraité et en péril de mort[7]. La petite troupe arraisonne le moine, lui fait jurer le secret, porte le blessé dans la ferme en lisière des bois, où frère Anquetil le cache, le garde et le soigne avec l'aide du page, demeuré pour veiller son maître. Le moine le remet sur pied en cinq semaines et le renvoie guéri, sans avoir songé un instant à trahir son serment[8].

Toutes ces compagnies ont des armes. Chacun de leurs hommes est au moins « embastonné », selon le terme usuel et courant. Il serait assez plausible de croire, à première vue, que cette expres-

1. Eure, arr. d'Évreux.
2. Eure, cant. de Breteuil, comm. de Condé-sur-Iton.
3. Eure-et-Loir, cant. de Brezolles.
4. Arch. nat., JJ 173, n° 201.
5. Mortemer, dans la forêt de Lyons (Eure, cant. de Lyons, comm. de Lisors).
6. La Lande, dans la forêt de Lyons (Eure, comm. de Lyons).
7. Sur ce personnage, voir ci-dessous, p. 000.
8. Arch. nat., JJ 173, n° 692.

sion désigne quelque objet défensif, naturel et d'un emploi facile,
quelque bâton ferré ou durci au feu, qui composerait de la sorte
tout l'équipement des partisans. Il n'en est rien cependant. Les
armes qu'ils ont en main sont des armes de gens de guerre et de
soldats, moins régulières et moins parfaites peut-être, mais suffi-
santes néanmoins pour livrer combat sans inégalité trop marquée.
Comme pièces offensives, ils ont tout ce qui équipe une troupe
régulière. Les textes contemporains sont unanimes à définir,
directement ou par déduction, le fait de l' « embastonnement » et
à lui attribuer une toute autre valeur que celle qu'on pourrait lui
réserver. Constamment y revient la mention de gens de village,
de partisans « embastonnés » d'armes variées : « armures inva-
sibles[1] », piques, épées, vouges, faucillons, arcs et flèches, haches
d'armes, lances surtout[2]. Tel d'entre eux désigne simplement
comme « embastonnés », sans autre explication, des partisans
des environs de Lisieux qu'un passage suivant du même acte présente comme armés de pied en cap, et disposant de cavalerie[3]. Quant
au simple bâton, c'est encore un terme dont il convient d'établir
la valeur. On le voit, en effet, couramment appliqué pour dési-
gner de véritables armes de guerre : une pique à rouelle de métal,
par exemple[4], une guisarme[5], cette demi-pique à large fer que
portent des fantassins spéciaux ; ailleurs, des pièces offensives,
dites « bâton de défense[6] ou bec de faucon[7] » ; ailleurs encore,
une hache d'armes[8], une « hachette norroise[9] », rappel archaïque

1. Arch. nat., JJ 173, n° 513.
2. Entre autres : Arch. nat., JJ 173, n°° 322, 334, 377, 379, 504, 509, 513, 534, 558,
692, 699 ; JJ 174, n°° 67, 229, 252 ; Bibl. nat., Cab. des Titres, P. or., *Gourdel*, n° 16.
3. Arch. nat., JJ 173, n°° 504 et 558.
4. « Un grant plançon ou baston fait en manière de picque à rouelle de fer. »
A Bacqueville, en Caux, en 1427. Arch. nat., JJ 174, n°° 240 et 241.
5. « Un baston nommé guiserme. » A Cauville, en Caux, en 1429. Arch. nat.,
JJ 174, n° 328.
6. « Un baston de défense », employé en même temps qu'une cognée, façon
de hache d'armes. A Saint-Germain-la-Campagne, en Lieuvin, en 1429. Arch.
nat., JJ 174, n° 297.
7. « Se mirent à défense de leurs bastons qu'ils avoient porté, c'est assavoir
d'un bec de faucon et d'une coignée enhantée en forme de hache. » Au Trans-
lay, en Vimeu, en 1427. Arch. nat., JJ 173, n° 705.
8. Des gens de village sont désignés comme « embastonnés », les uns ou les
autres, d'une hache d'armes, d'un épieu, d'un haubergon et d'une pique de fer.
A Braine-le-Château, en Soissonnais, en 1425. Arch. nat., JJ 173, n° 377.
9. « Lequel mist au devant un baston qu'il avoit, nommé hachette noirroise. »
A Coulonces, dans le pays virois, en 1424.

des conquérants scandinaves. On peut donc en venir à la conclusion suivante. Un partisan désigné, sans explication complémentaire, comme muni d'un bâton n'est pas forcément un paysan qui porte un tronçon de bois coupé dans la haie voisine : il a déjà une arme meurtrière entre les mains. Un partisan signalé comme « embastonné », sans définition plus précise, est un soldat presque régulièrement équipé. La démonstration de ce fait est moins superflue qu'on ne saurait croire. Elle présente une réelle importance pour l'étude des grands soulèvements qui éclateront plus tard dans la plaine de Caen, le pays de Caux et le val de Vire, et à l'occasion desquels chroniques et documents emploient si souvent cette expression caractéristique dans un sens auquel il importe de reconnaître sa véritable portée[1].

Dans le Lieuvin, en 1426, voici l'équipement d'un nouvel engagé dans une compagnie bien encadrée : robe, chaperon, chausses, souliers, épée, arc et trousse de flèches, que le capitaine lui fait délivrer sur l'heure[2]. Plusieurs ont aussi des capelines de fer[3]. C'est exactement l'armement des corps d'archers mis sur pied pour leur donner la chasse, dans les environs d'Eu, et qui sont « garnis d'arcs, trousses, cappelaines et gros pourpoints[4]. » On vient d'énumérer les autres armes qu'on voit couramment entre leurs mains : piques, demi-piques, demi-lances,

1. C'est vraisemblablement dans cette acception, plutôt qu'au sens littéral, qu'il faut prendre le passage connu des Chroniques de Normandie, qui relate comment le gouvernement anglais fit « armer et embastonner les communes du païs, » en Normandie, après le traité d'Arras, pendant l'hiver de 1435-1436 (*Chron. de Norm.*, éd. Hellot, p. 82). De même également le passage de Monstrelet relatif à cet événement : « ... Les communes-gens du pays de Normandie ... armés et embastonnés chascun selonc son estat » (*Monstrelet*, éd. Douët d'Arcq, t. V, p. 104). Même acception sans doute dans ce mandement du bailli de Cotentin au vicomte d'Avranches, dont porte trace, en mars 1436, une des Pièces justificatives de la *Chronique du Mont-Saint-Michel;* « Que chascun homme du plat pays de sadite vicomté se tiennent embastonnés et ambuschassent lès chemins » (t. II, n° 182). De même encore, dans celui du bailli de Rouen au vicomte d'Orbec, en date du 7 octobre 1435 : « Que les gens du peupple embastonnez se tiennent prestz » (Bibl. nat., Cab. des Titres, P. or., *Salvain*, n° 34). Sens également identique dans cette montre de dix archers, le 30 juillet 1435, destinée à « conduire le peuple embastonné en la vicomté d'Auge (Bibl. nat., ms. fr. 25772, n° 958).

2. Arch. nat., JJ 173, n° 534.

3. Arch. nat., JJ 173, n° 526.

4. Bibl. nat., ms. fr. 25768, n° 276.

faucillons, vouges, haches d'armes[1]. Quant aux lances, ils en portent presque tous. Ils s'en procurent par les plus audacieux moyens. Les indicateurs qu'ils ont dans chaque village leur désignent les paysans que leurs affaires amènent aux marchés des villes, et ceux-ci reçoivent commission de leur en acheter dans les places. Un journalier des environs de Pont-Audemer va de la sorte leur en chercher à Rouen, et les cache en dépôt le long de la côte, près de l'abbaye de Grestain[2], dans un endroit convenu[3]. Un dizenier de paroisse du village de la Lande[4], assermenté pour les combattre, leur en rapporte de la même façon et garde l'approvisionnement chez un voisin, dans ses granges[5]. La poudre ne leur manque pas non plus. Une compagnie des environs de Beauvais envoie un prisonnier en acheter jusqu'à Amiens[6]. Les fuyards d'un parti détruit sur les rives de l'Andelle, en face de Pont-de-l'Arche, laissent leur provision dans une habitation écartée, entre la Seine et la forêt de Longboël, où ils doivent venir la reprendre[7]. Les partisans des bois du Lieuvin s'en font livrer par les habitants du pays en même temps que des vêtements et des vivres[8]. Jusqu'à des engins d'escalade, dont certains chefs, plus prévoyants encore, se précautionnent pour les coups de main. Entre Bayeux et Vire, dans les bois de Ferrières-Harang[9], une compagnie en relations avec les garnisons françaises du Maine tient cachée une échelle « à eschieller », qu'on force par menace un vieux gentilhomme du lieu, Colin Le Vaillant, père de douze enfants, à dissimuler dans une étable à brebis, où le lieutenant anglais de Vire, avisé par ses espions, vient opérer une descente de justice et saisir cet étrange matériel de siège[10].

Souvent même, les compagnies son... montées. Comment ils se pourvoient de chevaux, d'avoine, de fourrage pour les nourrir au bois, il est facile de le présumer; on prend de tout cela où l'on

1. Arch. nat., JJ 173, nᵒˢ 322, 334, 692, 699; JJ 174, nᵒ 67.
2. Grestain, Eure, cant. de Beuzeville, comm. de Fatouville-Grestain.
3. Arch. nat., JJ 173, nᵒ 379.
4. Eure, cant. de Beuzeville.
5. Arch. nat., JJ 173, nᵒ 526.
6. Arch. nat., JJ 173, nᵒ 203.
7. Arch. nat., JJ 173, nᵒ 511.
8. Arch. nat., JJ 173, nᵒ 535.
9. Calvados, cant. de Bény-Bocage.
10. Arch. nat., JJ 173, nᵒ 115.

en trouve[1]. Comment néanmoins, et par quel procédé qui tient
du prodige, peuvent-ils se former en troupe au fond des bois et en
sortir en ordre de bataille? Toujours est-il qu'aux deux extrémi-
tés du champ de résistance, dans le pays d'Auge et dans le pays
de Bray, à plusieurs reprises ils courent le pays, par pelotons
d'une vingtaine de cavaliers, au grand jour, et se dénombrant
par leur chiffre de lances, comme la mieux ordonnée des compagnies de ligne[2].

Singulier groupement que celui de ces insurgés prêts à tout, de
ces *outlaws* que l'Angleterre avait connus, elle aussi, comme
l'héroïque expression de la résistance d'un peuple. Dans les compagnies qui bataillent ainsi sans trêve, qui défendent pied à
pied leur existence et leur liberté, toutes les classes sociales se
trouvent confondues : gens du peuple, venus de la terre ou des
métiers, religieux, nobles proscrits. On y voit des cultivateurs,
des journaliers, des bûcherons, des pêcheurs de rivière, des
chasseurs de profession, des carriers, des bouchers, des tanneurs,
des cordonniers, des charpentiers, des commis de marchands, des
maréchaux-ferrants. Ils coudoient des sergents forestiers, des
clercs de procureurs, des moines qui ont sauté les murs de leur
couvent pour courir au bois. Il y a dans le nombre des nobles du
pays, qui savent la guerre, qui l'ont pratiquée régulière, qui font
autant de chefs tout trouvés. Paysans et petits gentilshommes[3],
vivant de la même vie, n'existant que par le sol, sont restés liés,
après la conquête, à la culture qui les nourrit. Puis, un jour, ils
se décident à quitter leur maigre bien, à sacrifier leur manoir où
leurs champs pour rejoindre la compagnie de partisans la plus
proche. Ils se rendent alors, selon l'expression consacrée, « bri-

1. Arch. nat., JJ 173, n°° 273, 334, 677.
2. Arch. nat., JJ 173, n°° 504 et 558; Bibl. nat., ms. fr. 26048, n° 501 (hiver
et automne de 1425).
3. Sur l'union de la petite noblesse des campagnes et des paysans, voir le
mandement de Henri V, du 27 juin 1421, déjà cité : « Quàm plures *nobiles et
alti populares* de ducatu nostro Normannie » (*Rôles norm. et franç.*, n° 1001).
— Voir aussi, raconté plus loin, l'exil volontaire de Robert de Carrouges, en compagnie de gens du pays qui se dévouent pour le suivre. Remarquons également
un passage caractéristique du Journal d'un bourgeois de Paris, en 1425, parlant
d'une expédition où l'on prend deux cents partisans dans la région de Paris.
« Et si n'avoient point d'aveu et nul estandart, et estoient pauvres gentilz-
hommes qui ainsi devenoient larrons de jour et de nuyt » (*Journal d'un bourgeois de Paris*, éd. Tuetcy, p. 206).

gands et adversaires » du roi anglais, pour vivre hors la loi, braver la conquête et jouer leur vie chaque jour, dans les bois voisins de leur village, à la vue de leur clocher natal et de leurs terres confisquées.

LE PAYS D'AUGE. LE LIEUVIN[1].

Le haut pays d'Auge, les environs d'Orbec, de Bernay, de Lisieux, déterminent une des régions où les compagnies de partisans sont maîtresses des campagnes.

A Bernay, il n'existe qu'un poste, en ville alors presque ouverte[2]; à la Rivière-Thibouville, on ne voit de détachement qu'au moment de la campagne du Sacre[3]; quant aux maisons fortes d'Orbec et de Beaumont-le-Roger[4], elles n'en imposent guère. Des prisons d'Orbec, on s'évade à volonté[5], et l'hôtel du roi à Beaumont-le-

1. Tous les noms de lieu cités dans ce chapitre ont été, sauf indication contraire, ramenés à la forme actuelle : presque tous se trouvent compris dans la même région contiguë (Calvados : arr. de Pont-l'Évêque et de Lisieux; Orne : cant. de Gacé, du Merlerault, de la Ferté-Fresnel, dans l'arr. d'Argentan; cant. de Moulins-la-Marche et de Laigle dans l'arr. de Mortagne; Eure : cant. de Rugles, Breteuil et Conches, dans l'arr. d'Évreux; arr. de Bernay et de Pont-Audemer; cant. du Neubourg et d'Amfreville-la-Campagne, dans l'arr. de Louviers; Seine-Inférieure : cant. d'Elbeuf, dans l'arr. de Rouen). Il a donc paru inutile d'en répéter à chaque fois l'identification. Elle ne sera donc donnée que pour les localités ne formant pas chef-lieu de commune, les lieux d'origine ou de famille, les pays situés hors de la région et certains cas particuliers.

2. « Dicta villa, quamvis non murata » (*Religieux de Saint-Denis*, éd. Bellaguet, t. VI, p. 476). Les documents cités pour cette région font souvent mention des « Anglais de Bernay », mais il ne paraît pas y avoir eu de garnison ni de capitaines payés par le trésor pour cette forteresse. Voir la liste des places de Normandie dressée par M. de Beaurepaire d'après les comptes de 1424-1429: *De l'Administration de la Normandie sous la domination anglaise, 1424-1429* (*Mémoires de la Société des antiquaires de Normandie*, t. XXIV (3e série, t. IV), année 1859). Ces comptes comprennent l'époque comprise entre le 16 novembre 1423 et le 28 septembre 1425, et celle qui s'écoule du 29 septembre 1428 au 28 septembre 1429.

3. De Beaurepaire, *l. c.*

4. Bibl. nat., ms. fr. 26062, n° 3146; 26050, n° 916. Ces deux places ne sont pas mentionnées dans les comptes de Normandie. En 1428, il est fait mention d'un « lieutenant de capitainerie » à Orbec. Boucher de Molandon et Adalbert de Beaucorps, *l'Armée anglaise vaincue par Jeanne d'Arc sous les murs d'Orléans*, Pièces just., n° 95 (*Mémoires de la Société historique et archéologique de l'Orléanais*, t. XXXIII, année 1892).

5. Arch. nat., JJ 174, n° 85 : faits de 1427.

Roger, tout fortifié qu'il est, ne représente qu'une défense négligeable[1]. Plus au sud, Chambrois[2], Gacé[3], la Ferté-Fresnel[4] ont certainement des soldats[5] et gardent la lisière accidentée du Perche[6]. Mais en somme[7], de la Rille à la mer[8], entre Conches et Touques[9],

1. Bibl. nat., ms. fr. 26050, n° 916 : faits de 1428.

2. Ancien nom de Broglie. En octobre 1419, le château de Chambrois est signalé comme armé (*Rôles norm. et franç.*, n° 675).

3. Le château de Gacé, en 1425, a un capitaine et un lieutenant (Arch. nat., JJ 173, n° 179).

4. On voit souvent citer les « Anglais de la Ferté-Fresnel », comme ceux de Bernay (Arch. nat., JJ 173, n° 694 ; JJ 174, n° 156). En 1423, la place avait un connétable, Pierre des Perriers (Bibl. nat., ms. fr. 26016, n° 168).

5. Ces trois places ne figurent pas dans les comptes de Normandie. Lors de l'invasion de 1417-1419, Chambrois seul donne lieu à une capitulation, le 9 mars 1418 (Hellot, notes des *Chron. de Norm.*, n. 86). Lors de la reconquête de 1449, Chambrois et la Ferté-Fresnel se rendent aux capitaines de Charles VII (De Beaucourt, *Hist. de Charles VII*, t. V, p. 6, n. 6, et p. 8). On ne voit pas trace de Gacé.

6. Là, deux lieux forts, Bonmoulins et Saint-Évrouit-Notre-Dame-du-Bois, dont la grande compagnie anglo-navarraise occupait en 1362 l'abbaye fortifiée (Siméon Luce, *Histoire de Bertrand du Guesclin et de son époque*, p. 360 et 495), sont « emparés » par des partis français à la suite de la campagne de 1429 ; ces deux postes perdus restent quelques années entre leurs mains, malgré de furieux assauts. Les Anglais de Bonmoulins sont souvent cités en 1425. (Arch. nat., JJ 173, n°° 79, 104). Bonmoulins était encore français dans l'été de 1420 (Arch. nat., JJ 173, n°° 628, 717).

7. A Lisieux même, durant toute cette époque, on ne voit pas trace de garnison fixe. Abandonnée par les Français aussitôt la descente de Henri V à Touques, en août 1417, la place avait été occupée par le duc de Clarence en mai 1418 (*Chron. de Norm.*, éd. Hellot, p. 34). De 1419 à 1422, on voit la ville commandée par un capitaine (*Rôles norm. et franç.*, n°° 675, 1012, 1359). En 1432, on en voit un de nouveau (Siméon Luce, *Chron. du Mont-Saint-Michel*, Pièces just., t. II, n° 131). Les circonstances de la reprise de Lisieux en 1449 sont bien connues (De Beaucourt, *Hist. de Charles VII*, t. V. p. 6-7).

A Laigle, même remarque. Cette place avait capitulé le 13 octobre 1417 (Hellot, *l. c.*, n. 84). En 1421, on la voit commandée par un capitaine (*Rôles norm. et franç.*, n° 1309). En 1425, 1426, on voit signaler les Anglais de Laigle (Arch. nat., JJ 173, n°° 79, 531). En 1432, en août, elle est assiégée par le duc d'Alençon (Siméon Luce, *l. c.*) ; à la date du 18 décembre, elle est française (Bibl. nat., ms. fr. 26054, n° 1978) ; elle le paraît encore au 28 juin 1433 (Bibl. nat., ms. fr. 26057, n° 2898). Laigle ne figure pas dans la liste des places reprises lors de la reconquête.

8. En considérant comme hors du cadre de cet exposé les places du haut Perche et de l'Hiémois, sur l'autre versant de la forêt du Perche, des monts d'Amain et de la forêt de Saint-Évroult.

9. Ces deux places figurent continuellement sur les comptes de Normandie et sont minutieusement surveillées.

il n'y a pas de troupe anglaise à craindre, et la campagne est presque libre[1].

L'âme du parti français dans le pays a longtemps été Robert de Carrouges, de cette race des Carrouges sur laquelle pesait un sombre renom, depuis la tragédie sanglante[2] dont sa mère, Marguerite de Thibouville, s'était trouvée devenir la fatale occasion[3]. Robert de Carrouges[4], dont un parent vient de figurer à la tête des défenseurs de Honfleur[5], a gardé, dans la contrée, les biens de sa mère, morte au lendemain de la conquête, après avoir prêté serment au roi anglais[6] : outre des domaines en Cotentin, il

1. Lors de l'invasion de 1417-1419, ou de la reconquête de 1449, on voit, en outre, les places suivantes donner lieu à des capitulations : Pont-l'Évêque, Auvillars, Crèvecœur, Argences, Livarot, le Breuil, Fauguernon, Courtonne, Harcourt, Beaumesnil, Rugles (de Beaucourt, *Hist. de Charles VII*, t. I, p. 31, 37; t. V, p. 6-8, et Pièces just., n° 1). Mais alors aucune ne semble avoir possédé de garnison proprement dite.

2. Le célèbre duel judiciaire de Jean de Carrouges, son père, contre l'écuyer normand Jacques Le Gris, accusé de viol commis sur la personne de la dame de Carrouges, soutenu à Paris, auprès de Saint-Martin-des-Champs, le 29 décembre 1386, et dans lequel Le Gris trouva la mort.

Cet événement, qui défraya les chroniques et les traités de gage de bataille, a inspiré l'un des récits du recueil bien connu de Nicolas de Troyes, rédigé comme on sait vers 1536, le Grand Parangon des nouvelles nouvelles. La trente-quatrième nouvelle du second volume, le seul conservé, porte pour titre : « De Jacques Le Gris qui print à force une demoiselle en son chastel, laquelle le dit à Jehan de Carrouge son mary. » (*Le Grand Parangon des nouvelles nouvelles, recueillies par Nicolas de Troyes...* publié... par Émile Mabille. Paris, 1866, nouvelle 34, p. 130-138). — Les pièces de la procédure engagée au Parlement à cette occasion ont été tirées et publiées par M. Aug. Le Prévost, dans l'*Histoire de la commune de Saint-Martin-de-Tilleul*. Paris, 1849, p. 63, 102 et ss.

3. Marguerite de Thibouville, seconde femme de Jean de Carrouges, dont l'aventure avec Jacques Le Gris, parrain d'un de ses beaux-fils, donna lieu au drame et au combat en champ clos. C'est de ce second mariage qu'était né Robert de Carrouges. Sur ces points, voir *Rôles norm. et franç.*, n° 529, et Aug. Le Prévost, *Hist. de la comm. de St-Martin-du-Tilleul*, p. 56, 63, 102 et ss.

4. Pour tous ces faits relatifs à Robert de Carrouges : Arch. nat., JJ 173, n° 18, 30, 103, 174 : documents en date de novembre 1424; faits remontant à Pâques (23 avril), puis au temps compris entre la Trinité et la Saint-Jean (18-24 juin).

5. Thomas de Carrouges, chevalier, signe la capitulation de Honfleur, le 25 février 1419, immédiatement après le commandant français de la place. *Rôles norm. et franç.*, n° 313.

6. Lettres de Henri V, datées de Vernon, le 4 mai 1419, maintenant Robert de Carrouges dans la possession des biens de sa mère, Marguerite de Thibouville. *Rôles norm. et franç.*, n° 529.

conserve ainsi quelques terres autour de Serquigny, de Carsix, au Tilleul-Folenfant[1], à Fontaine-la-Soret[2] où il réside[3] : le tout vaut environ quatre cents livres de revenu. Dans les premiers mois de 1424, il met à exécution un plan froidement calculé. En avril, vers Pâques, relevant à peine de maladie, il fait vendre brusquement tous ses biens, à la hâte, à vil prix, comme faire se peut, entraîne quelques gens du pays, un clerc de procureur de Serquigny, un maréchal-ferrant de Carsix[4], des gens du peuple, qui sacrifient leur gagne-pain pour le suivre. Avec un petit parti bien monté, il se rend d'une traite, par le pays d'Auge, la campagne de Caen, en contournant Saint-Lô, jusqu'au fond du Cotentin, à Montfarville[5], dans cette région du val de Saire qui compte encore tant de partisans désespérés[6]. Il y a donné rendez-vous à ses derniers fidèles partis après lui de Serquigny pour le rejoindre. Quelques semaines plus tard, abandonnant ses terres à la confiscation prochaine[7], il reprend son périlleux voyage, va rôder à Carrouges[8], le lieu d'attache héréditaire,

1. Fraction de la commune actuelle de Saint-Martin-du-Tilleul (Eure, cant. de Bernay).

2. Sur la possession de la seigneurie du Tilleul-Folenfant, et, outre les textes qui viennent d'être cités (Arch. nat., JJ 173, n⁰ˢ 18, 30, 103, 174, et *Rôles*, n° 529), sur celle de la seigneurie de Fontaines-la-Soret, par la maison de Thibouville, voir Aug. Le Prévost, *Hist. de la comm. de Saint-Martin-du-Tilleul*, p. 46, 63 et ss., 102 et ss. 124, et de la Roque, Histoire de la maison de Touchet, dans *l'Histoire générale des maisons nobles de la province de Normandie*, t. II, p. 85, 86.

3. Voir cependant le maintien de domaines à Fontaine-la-Soret et à Montfarville, en Cotentin, dont il est parlé plus loin, à Jeanne de Fricamp, par lettres de Henri V, datées de Rouen, le 27 janvier 1419 (*Rôles normands et franç.*, n° 271). Les textes qui viennent d'être cités indiquent néanmoins formellement Robert de Carrouges comme possesseur de domaines en ces lieux.

4. Jean Lemonnier, de Serquigny, Jean Lebret, de « Carresiz » (Carsix).

5. « Morfarville ». Montfarville, village de la côte, entre la pointe de Barfleur et la pointe de Saire (Manche, cant. de Quettehou).

6. Siméon Luce, *Philippe Le Cat*, l. c.

7. Elle ne se fit pas attendre. Des lettres de Henri VI, du 15 juin 1424, transfèrent à l'Anglais John Hanford les biens de Robert de Carrouges sis dans les bailliages de Rouen et de Cotentin, valeur de 400 l. t. de revenu annuel à l'estimation de 1410, selon la clause usuelle des actes de confiscation de ce genre (Arch. nat., JJ 173, n° 103). John Hanford, qualifié seigneur de Maisons-sur-Seine, était alors capitaine de Saint-Germain-en-Laye et de la tour de Montjoye (*Un détail du siège de Paris par Jeanne d'Arc*, Bibl. de l'École des chartes, t. XLVI, année 1885).

8. Carrouges, Orne, ch.-l. de cant., arr. d'Alençon.

berceau de sa maison, pays de frontières et de bonnes courses,
entre la forêt d'Écouves et la forêt d'Andaine, d'où les hautes
vallées de la Mayenne et du Sarthon mènent par quelques lieues
de chemins perdus jusqu'aux premiers postes français. Un jour, il
assemble ses compagnons, saute à cheval avec eux, et courant au
sud, vers la lisière du Maine, va gagner les lignes de l'armée
nationale, où s'élabore le suprême effort qui va se briser à Verneuil[1]. Il y retrouve son rang, pour prendre sa part du grand
choc attendu, où comme tant d'autres il disparaît sans laisser de
traces dans l'effondrement du tout[1].

Robert de Carrouges a laissé derrière lui des souvenirs et des
exemples. Un de ses anciens forestiers, Guillot Lardant, chasseur
de loups de son métier, dont les beaux-frères ont été exécutés
comme partisans tenant les bois, est resté en relations avec les
compagnies franches des alentours. L'an d'après, il sera tué dans
une rixe provoquée par l'annonce imminente d'un de leurs coups
de main[2]. Un autre écuyer du pays, Guillaume de Brévedent[3],
de la petite noblesse rurale du canton[4], tient la campagne avec
une forte compagnie, vers l'époque même du départ de Robert de
Carrouges. On suit sa trace, d'un bord ou de l'autre de la vallée
de la Touques, vers la fin d'avril 1424, autour de Lisieux[5], puis
bientôt dans les collines du pays d'Auge, au Torquesne, où sa
troupe, sortant brusquement d'une carrière, enlève le receveur
des aides de la vicomté, Jean Vipart l'aîné[6], qui vaut cent écus

1. « Et tantost après qu'ils furent audit lieu de Carrouges, qui est prochain
de noz ennemis et adversaires, soudainement icellui Robert de Carrouges dist :
« Montons à cheval. » Et, eulx montez, icellui de Carrouges se ala rendre
avecques nosdiz ennemis et adversaires. » Arch. nat., JJ 173, n° 30.

2. Doc. en date de juin 1425 ; faits récents. Arch. nat., JJ 173, n° 174.

3. Le Brévedent, Calvados, cant. de Blangy.

4. Brévedent de Brévedent, écuyer, figure, en 1419, parmi les signataires de la
capitulation de Honfleur, avec Thomas de Carrouges (Rôles norm. et franç.,
n° 313). Jean et Cardin de Brévedent obtiennent sauf-conduit, le 15 juin 1418,
pour se rendre à l'abbaye du Bec-Hellouin, aux funérailles de Jean de Fer-
rières, chevalier, sans doute leur parent, époux de Marguerite d'Harcourt (Rôles
norm. et franç., n° 1166, cf. n° 1189 et 1208). Voir Bibl. nat., Cab. des Titres,
P. or., Brévedent, n° 45 et ss.

5. Doc. en date du 29 mars 1426 ; faits remontant à deux ans auparavant,
aux environs de Pâques (23 avril 1424). Arch. nat., JJ 173, n° 390.

6. Jean Vipart l'aîné est encore titulaire de ces fonctions, depuis 1431 jusqu'à
la fin de l'occupation anglaise. Bibl. nat., Cab. des Titres, P. or., Vipart, n° 2
à 4, 17.

d'or de rançon, pour le complément desquels il fait accepter son frère en otage[1]. De là, Guillaume de Brévedent gagne le Mans, traversant toute la Normandie, le Perche et le Maine, en livrant en route à l'ennemi combat sur combat[2].

Entre Lisieux et Bernay, le charpentier Roger Christophle, des environs de Fauguernon, s'est improvisé partisan et a levé une compagnie franche. La terre de Livet-sur-Authou, près de Brionne, appartient[3] au seigneur de Saint-Pierre, un Français renié, implanté de force dans le pays, à Livet, à Roncheville[4], dans la vallée de la Touques, âme damnée du gouvernement anglais, commissaire spécial chargé de traquer les partisans vers les frontières de Caux[5]. L'attaque du village de Livet est résolue. Roger Christophle la conduit en personne, et assez de combattants y sont engagés pour qu'on ramasse vingt morts sur le terrain[6]. Un autre parti, muni de cavalerie, bien armé, courant la contrée par groupe d'une vingtaine de chevaux, pousse des reconnaissances, au commencement de 1425, jusqu'au milieu du Lieuvin[7]. A Morainville-près-Lieurey, il s'éclaire, se renseigne avec la complicité des gens des hameaux, et dans les maisons de l'un d'eux, au « Hamel-Garoust[8] », guidé par la voix des chiens de garde qui se répondent de cour en cour, il surprend le collecteur des tailles,

1. Rémission pour Guillaume Dunel et Pierre Dunel, son fils, *cultivateurs, du Torquesne*, pour faits de participation. Doc. en date du 24 mai 1426 : faits remontant à deux ans. Arch. nat., JJ 173, n° 520.

2. Ibid., id.

3. Lettres de Henri V, datées du siège de Dreux, le 19 août 1421. *Rôles norm. et franç.*, n° 1017.

4. Roncheville, dans la commune de Saint-Martin-aux-Chartrains (Calvados, cant. de Pont-l'Évêque).

5. Sur ce personnage, voir ci-dessous, p. 000.

6. Il est difficile de déterminer la date exacte de ce fait, le document qui le mentionne, en date de septembre 1427, le signalant seulement comme antérieur de quelque temps déjà. Il en ressort toutefois que Roger Christophle était demeuré longtemps « abullété » et n'avait levé sa compagnie que quelques années après la conquête. Arch. nat., JJ 174, n° 67.

7. « Comme an et demi a ou environ, plusieurs brigans et autres noz ennemis et adversaires feussent en grand nombre et puissance oudit pays et aloient *de jour et de nuit à pié et à cheval* par icellui pays comme bon leur sembloit sans aucune résistance, ouquel temps feussent venus plusieurs desdiz brigans armez et embastonnez jusques au nombre de XVIII feusts de lances ou environ en l'ostel dudit suppliant. »

8. « En un hamel nommé Hamel-Garoust, à moins de demi trait d'arc du bois. » Aucun nom de lieu des cartes modernes ne paraît répondre à cette désignation.

ses sergents et toute sa recette[1]. Vers la même époque, un autre
partisan est signalé à la tête d'une compagnie redoutable : un
habitant du pays, escomptant sa capture, fabrique de fausses
lettres de confiscation qui lui adjugent les biens de l'insurgé, et
les porte à enregistrer au tabellionage de Lisieux[2]. C'est Benoît
Collet, qui répand la terreur dans toute la région, chef de bandes
sur lequel on voudrait savoir plus, mais dont survit au moins le
nom.

Dans le courant de cet été, sur les routes qui mènent à Bernay,
sont partout coupées les communications. Gacé, confisqué sur la
race héroïque des Paynel[3], appartient à William Glasdale, le capitaine que sa fin tragique dans les flots de la Loire, devant Orléans,
a rendu légendaire, le type même d'une variété de l'homme de
guerre d'alors, à la verve familière, à l'apostrophe enlevante et
toujours prête, l'un des plus énergiques et des plus solides entraî-
neurs d'hommes que compte la troupe anglaise. Glasdale sert
alors avec vingt lances et soixante archers dans l'armée d'invasion du Maine, où il va prendre le commandement de Malicorne
et du Lude[4], en attendant le poste de bailli d'Alençon[5]. A Gacé, il
a pour lieutenant Pierre du Moustier. Livré à lui-même, celui-ci
n'ose envoyer à Bernay un prisonnier précieux que le bailli de
Rouen, en tournée judiciaire, réclame impérieusement pour lui
faire son procès ; il n'a pas d'escorte disponible et ne peut se ris-
quer à l'expédier, étant donné le péril des chemins. Le partisan
captif, Jean de Launay[6], s'évade d'ailleurs de sa prison en sciant
ses entraves et en sautant douves et courtines.

1. Rémission pour Robert Castellain, journalier, de Morainville, pour faits de
complicité. Doc. en date d'août 1426 : faits remontant à dix-huit mois. Arch.
nat., JJ 173, n°s 504 et 558.
2. Doc. en date de juin 1426 : faits remontant à un an. Arch. nat., JJ 173,
n° 467.
3. Lettres de Henri V, datées du siège de Dreux, le 8 avril 1421, transférant
à William « Glacedale » la terre de Gacé, appartenant à la dame de Moyon
(Rôles norm. et franç., n° 1010). C'était Jeanne Paynel, femme de Louis d'Es-
touteville, défenseur du Mont-Saint-Michel. Sur elle, voir Siméon Luce, Jeanne
Paynel et le château de Chantilly.
4. Robert Triger, Une forteresse du Maine pendant l'occupation anglaise.
Fresnay-le-Vicomte de 1417 à 1450, chap. II, par. 1 (Revue historique et
archéologique du Maine, t. XVII, année 1886, 1er semestre).
5. William Glasdale est bailli d'Alençon depuis la fin de 1425, et, depuis le
quartier d'avril 1426, commandant de Fresnay-le-Vicomte (Ibid., id.).
6. Des lettres de sauf-conduit, datées de Bernay, le 1er juin 1422, sont déli-

Très près de là, dans la région montagneuse d'où descendent tous les cours d'eau de la contrée, courant vers la Sarthe, l'Orne, la Touques, la Rille ou l'Eure, le pays n'appartient qu'aux partisans. La compagnie de Perrot Le Saige, l'année précédente, livre un combat en règle, acharné et sanglant, dans le village de Planches, aux Anglais de Bonmoulins ; un grand nombre de morts et de blessés restent sur le terrain. Une seconde rencontre a lieu quelques jours plus tard avec la troupe qui occupe Laigle[1]. Les curés d'Échauffour, de Champ-Haut pactisent ouvertement avec les partisans. Celui d'Échauffour se rend au bois pour leur donner la liste des morts et des blessés dans l'affaire de Planches[2]. Celui de Champ-Haut, en août 1424, correspond secrètement avec les Français du Maine et délivre des sauf-conduits au nom de Jean d'Harcourt : les Anglais de Bonmoulins viennent perquisitionner chez lui, et il ne leur échappe qu'à grand'peine en quittant le pays[3]. De l'autre côté de Laigle, entre la Rille et l'Iton, se tient la compagnie de Jean Havage, autour de Breteuil, de Séez-Moulins[4], de Dampierre-sur-Avre[5]. En avril 1425, Jean Havage a été grièvement blessé dans une rencontre, puis tenu caché dans les bois de l'Avre et rétabli par les soins du chirurgien Chardot Honfroy, dans les circonstances dont on se rappelle le récit[6].

Autour de Bernay, au printemps de 1426, dans un coup de panique générale, les paysans ont tout caché dans les bois

vrées « pro Johanne Launay » (Rôles norm. et franç., n° 1164). On retrouve trace de Jean de Launay l'an d'après en Lieuvin (Arch. nat., JJ 173, n° 519). Dans la région, entre autres noms de lieu similaires, existe Launay-sur-Calonne (Calvados, cant. de Blanzy, comm. de Saint-Julien-sur-Calonne).

1. Rémission pour Thibaud Le Prévost, curé d'Échauffour, pour faits de complicité. Doc. en date de février 1425 ; faits remontant au début du carême précédent (9 mars 1424). Arch. nat., JJ 173, n° 79.

2. Ibid., id.

3. Rémission pour Guy du Mesle, curé de Saint-Martin de Champ-Haut, pour faits de complicité. Doc. en date du 16 mars 1425 ; faits remontant au mois d'août précédent. Arch. nat., JJ 173, n° 104.

4. « Septmolins. » Séez-Moulins, sur l'Iton, entre Condé-sur-Iton et Damville (Eure, cant. de Breteuil), dans la commune de Condé-sur-Iton.

5. Dampierre-sur-Avre, sur la rive droite de l'Avre, du côté du pays de Thimerais (Eure-et-Loir, cant. de Brezolles).

6. Rémission pour Chardot Honfroy, chirurgien, de Breteuil, pour faits de complicité. Doc. en date de juillet 1425 ; faits remontant à Pâques (8 avril). Arch. nat., JJ 173, n° 201.

d'alentour : bestiaux, vivres, biens de toute sorte; il leur faut
aller déterrer dans les carrières les provisions dont ils vivent au
jour le jour, en rationnant leur faim. Une compagnie qui a
découvert un dépôt bien garni, à Boissy[1], est pendant quelque
temps hébergée et nourrie par les gens des villages. Les Anglais
de Bernay viennent l'attaquer dans sa retraite; elle perd six
hommes dans le combat[2]. Dans le courant de 1427, d'autres
bandes sont signalées comme hantant les bois de Menneval[3],
et plus loin, entre Conches et la Ferté-Fresnel, autour de la
Haye-Saint-Sylvestre[4]. A cette époque, Roger Christophle, le
charpentier passé chef de bande, a disparu dans une scène
dramatique. Un dimanche de mai, rentré audacieusement dans
son village, il se rendait à l'assemblée du bourg voisin de Fauguernon, où, malgré les troubles du temps, se représente pour la
fête du lieu un « mystère ou jeu de saint[5] ». Il y rencontre un
des acteurs désignés, Guillaume Le Mire, écuyer de vingt ans,
dont la famille s'est soumise à la conquête, et dont il a autrefois
enlevé le père, mort à la suite de l'aventure : Guillaume Le Mire
revient lui-même de la campagne du Maine et de l'affaire de
Pontorson. Une rixe s'engage sous un prétexte futile, les coups
pleuvent, et l'ancien partisan tombe mortellement frappé par le
fils de sa victime[6].

1. « Boissy, en la vicomté d'Orbec. » Fraction de la commune actuelle de
Boissy-Lamberville (Eure, cant. de Thiberville). La seigneurie de Lamberville
était dans la famille maternelle de Robert de Carrouges. (Aug. Le Prévost, *Hist.
de la comm. de Saint-Martin-du-Tilleul*, p. 56).

2. Rémission pour Jean Marmion, cultivateur, et sa femme, de Boissy, pour
faits de complicité. Noms des partisans cités : Pierre Lami (en juin 1424, ce
dernier faisait partie d'une compagnie du Lieuvin. Arch. nat., JJ 173, n° 390);
Colin Morieult (en 1426, le curé de Carbec (Carbec, fraction de la commune
actuelle de Fatouville-Grestain, Eure, cant. de Beuzeville) porte le nom de
Pierre Morieult. Arch. nat., JJ 173, n° 519). Doc. en date du 19 avril 1426 :
faits remontant à Pâques (31 mars). Arch. nat., JJ 173, n° 509.

3. Doc. en date du 18 mars 1427 : faits récents, état général du pays. Arch.
nat., JJ 173, n° 620.

4. Doc. en date du 12 juin 1427 : faits récents, état général du pays. Arch.
nat., JJ 173, n° 694.

5. Cette représentation d'un *mystère* à Fauguernon, à cette époque, est inté-
ressante à relever. L'église de Fauguernon étant dédiée à saint Regnobert,
évêque de Bayeux, dont la commémoration tombe le 16 mai, et le texte qui a
conservé le récit de l'événement le plaçant « environ la Saint-Jean », le fait a
lieu vers la fin de mai ou les premiers jours de juin.

6. Doc. en date de septembre 1427 : faits remontant à un dimanche, entre le
16 mai et le 24 juin. Arch. nat., JJ 174, n° 67.

L'an suivant, en 1428, à Beaumont-le-Roger, l'inquiétude est des plus vives. Les partisans viennent attaquer la forte maison du lieu, fracassent les portes et y mettent le feu : il faut murer le grand huis de la cohue pour la sûreté des officiers qui rendent la justice, et barder de panneaux de fer garnis de clous de vingt livres la grande entrée de l'hôtel du roi, pour le préserver de l'incendie[1]. Non loin de là, court une compagnie où figurent des gens de la région de Paris : deux d'entre eux[2], de Boulogne[3] et de Palaiseau[4], qui ont gagné la lisière normande[5] sont pris et exécutés au Neubourg[6]; des paysans[7] qui en ont recelé d'autres sont emmenés de Beaumont à Évreux, liés à même sur des chevaux, de peur qu'on ne les enlève en route[8].

L'an suivant, après la campagne du Sacre, toute cette région sera l'une des plus profondément ébranlées, l'une de celles où la secousse, à travers tout le pays d'Auge, se fera sentir jusqu'aux ports de la côte.

1. Bibl. nat., ms. fr. 26050, n° 916. Quittance, en date du 1er juillet 1428, pour travaux récents exécutés à Beaumont.

2. Étienne Martin, de Boulogne-sur-Seine, Philippe Desaulx, de Palaiseau, « traîtres, criminels de lèse-majesté, agresseurs de chemins, brigands, ennemis et adversaires du roy. » décapités et leurs corps pendus au gibet.

3. « Boulogne-la-Petite, près Paris ». — Boulogne-sur-Seine (Seine, cant. de Neuilly).

4. Seine-et-Oise, ch.-l. de cant., arr. de Versailles.

5. Dans cette direction, l'incroyable résistance du château d'Orsay, à cinq lieues de Paris (Seine-et-Oise, cant. de Palaiseau), pris seulement le 19 juin 1423 (Journal d'un bourgeois de Paris, éd. Tuetey, p. 186), avait longtemps entretenu l'esprit de combat. Le château d'Orsay, avec celui de Palaiseau, d'où vient un des partisans cités ici, avait été enlevé par Jean Sans-Peur, en septembre 1417, lors de sa marche de la basse Oise sur le pays chartrain, en contournant Paris (Monstrelet, éd. Douët d'Arcq, t. III, p. 218-220), ei sans doute repris ensuite par le parti d'Armagnac, en janvier 1418, en même temps que les autres places du Hurepoix (De Beaucourt, Hist. de Charles VII, t. I, p. 30). La garnison d'Orsay paraît avoir été composée de routiers gascons, mêlés de partisans. C'est elle qui alla enlever Meulan (Seine-et-Oise, ch.-l. de cant., arr. de Mantes) et s'y maintint quinze jours, en avril 1422 (Bourgeois de Paris, p. 186) ; la seconde surprise de Meulan, en janvier 1423, fut opérée par la compagnie française qui occupait encore, dans le voisinage, Marcoussis (Seine-et-Oise, cant. de Limours) et Montlhéry (Seine-et-Oise, cant. d'Arpajon) (Monstrelet, t. IV, p. 142).

6. Bibl. nat., ms. fr. 26050, n° 861 et 864. Mandements de taxation en date du 1er avril 1428.

7. Jeannin Subout et Raoul Pennier, des environs de Beaumont-le-Roger, « receleurs de brigands », amenés à justice à Évreux.

8. Bibl. nat., ms. fr. 26050, n° 893. Mandement de taxation en date du 28 mai 1428.

Une autre contrée immédiatement voisine offre encore un quartier plus sûr à l'insurrection qui s'y recrute à l'abri. C'est le vaste plateau du Lieuvin, entre la Touques, la mer, la baie de Seine et la Rille, dans les replis duquel, loin des postes et des places, les partisans peuvent respirer et s'organiser pour l'offensive. Là, cantonnées dans les bois épais qui cernent le bourg de Cormeilles, au centre du canton, des compagnies fortement entraînées, encadrées et commandées par des paysans doués de l'instinct de la guerre se meuvent à leur gré entre les approches de Honfleur et les forêts qui se prolongent jusqu'aux abords de Rouen.

La défense régulière s'y est longtemps prolongée. Honfleur, qui a repoussé une première fois l'ennemi, au lendemain de la descente à Touques[1], a vu revenir à la charge le flot de l'invasion. La place, coupée du reste de la Normandie[2], enceinte isolée et perdue, où se sont enfermés les contingents du pays, n'a capitulé que cinq semaines après Rouen[3]. Depuis la conquête, la forteresse du Bec-Hellouin[4], à l'autre extrémité de la région[5], a été enlevée dans un coup de main, risqué, à vingt lieues de distance, par un chef de

1. La descente de Henri V a lieu à Touques, le dimanche 1er août 1417 (comp. la *Chronique normande de Pierre Cochon*, éd. de Beaurepaire, p. 227, et les *Chron. de Norm.*, éd. Hellot, p. 30). Le château de Touques capitule aussitôt, le 3-9 août (Hellot, notes des *Chron. de Norm.*, n. 82). Honfleur est immédiatement l'objet d'une attaque, pour assurer le commandement de l'entrée de Seine, déjà surveillée par Harfleur, occupé depuis 1415. Devant l'énergique résistance de la ville, l'armée anglaise doit se retirer et se porte devant Caen, où elle parait le 18 août. Vallet de Viriville, *Histoire de Charles VII et de son époque*, t. I, p. 56-57.

2. De Lisieux à Pont-de-l'Arche, toutes les places sont enlevées de mars à juillet 1418.

3. Honfleur capitule le 25 février 1419 (*Rôles norm. et franç.*, n° 313). La place était commandée par Jean de Bétas, seigneur d'Hermeville, en Caux, parent des Martel de Bacqueville (Hellot, notes des *Chron. de Norm.*, n. 134).

4. Le Bec-Hellouin, la célèbre abbaye bénédictine, au diocèse de Rouen, sur la rive droite de la Rille.

5. L'abbé du Bec-Hellouin était alors Robert Vallée, originaire du pays, élu en février 1418, juste avant l'apparition des Anglais dans la contrée, mort en 1430, successeur de son oncle Guillaume d'Auvillars. Robert Vallée, demeuré partisan de la cause nationale, fut emprisonné pendant cinq mois à Rouen à la suite de la surprise du Bec (*Gallia christiana*, t. XI, col. 236). Thomas Frique, son successeur, lors du procès de Jeanne d'Arc, est présent à la scène du cimetière Saint-Ouen. De Beaurepaire, *Notes sur les juges et assesseurs du procès de condamnation de Jeanne d'Arc* (*Précis analytique des travaux de l'Académie des sciences, belles-lettres et arts de Rouen*, années 1888-1889).

troupes françaises sorti de l'abri de Dreux, Lestendard de Milly[1], qui s'y maintient quelque temps, follement, contre toute vraisemblance[2]. A l'heure actuelle, il y a garnison anglaise à Honfleur, l'une des clefs de la côte[3]. A Pont-Audemer, il n'y a qu'un poste en maison forte[4] et des prisons d'où l'évasion est habituelle[5]. Au Bec-Hellouin, on ne voit plus de soldats[6].

Aussi la région est-elle plus qu'une autre encore fertile en partisans indigènes, ne courant guère au loin, mais continuant à hanter le pays, connus de la population sédentaire qui les craint et les admire, et parmi laquelle ils ont tous les villages pour complices. Tout un groupe serré de témoignages permet de suivre les actions de ces compagnies pendant plusieurs années, d'en nom-

1. « Lestendard de Milly », capitaine du parti d'Armagnac, commandait en 1417 le château de Bresles (Oise, cant. de Nivillers), entre Beauvais et la forêt de Hez (Arch. nat., JJ 173, n° 454). Pendant le siège de Louviers, le 17 juin 1418, il obtient un sauf-conduit pour se rendre en Normandie (Rôles norm. et franc., n° 1166). On le retrouve à la défense de la terre de Guise en mai 1424 (Chronique anonyme dite des Cordeliers, Bibl. nat., ms. fr. 23018, fol. 447 v°-448), en compagnie de Saintrailles, dont il paraît avoir été le fidèle compagnon (Monstrelet, éd. Douët d'Arcq, t. IV, p. 181, 376).

2. Ce curieux fait de guerre ressort avec évidence de deux documents publiés dans les Rôles normands et français, sous les dates du 28 février et du 16 juin 1421 (n°° 1284 et 1000). Lestendard de Milly y est formellement présenté comme tenant le Bec-Hellouin et en relation avec la garnison de Dreux, place qui reste française jusqu'en août 1421, puis, comme prisonnier au Bec-Hellouin même, après le recouvrement du lieu par les Anglais (cf. n°° 675, 983, la place anglaise au 4 octobre 1419 et au 3 avril 1421). L'événement est d'ailleurs relevé dans la Gallia christiana (t. XI, col. 236) : « Cum anno 1421, mense februario, Franci in arcem Beccensem introducti fuissent... »

3. Seule ville de la région figurant dans les comptes de Normandie.

4. Bibl. nat., Cab. des Titres, P. or., Salvain, n° 30. Au moment de l'invasion, on ne voit pas Pont-Audemer donnant lieu à une capitulation. La place est cependant mentionnée dans l'énumération de Monstrelet (éd. Douët d'Arcq, t. III, p. 309). En août 1424, Pont-Audemer a un capitaine, Jean Teston, écuyer (Arch. nat., JJ 173, n° 110). En 1449, elle était défendue par une enceinte de pieux, et fut reprise après un violent combat (Chron. de Norm., éd. Hellot, p. 110-111, et notes, n. 329, 332 (Déposition d'Osbern Mundford, trésorier général de Normandie, dans Mathieu d'Escouchy, éd. de Beaucourt, Pièces just., n° 12).

5. Arch. nat., JJ 174, n° 93. Faits de 1427.

6. L'abbaye et forteresse « abbatia sive fortalitia » du Bec-Hellouin avait capitulé le 4 mai 1418 (Rôles norm. et franc., n° 131). « L'abbaye du Bec fut englesquée, merquedi 11° jour de may CCCC XVIII, » dit pittoresquement Pierre Cochon (éd. de Beaurepaire, p. 278-279). On vient de reconnaître son rôle de 1419 à 1421, Lors de la reconquête, on ne la voit pas occasionner de siège.

mer les chefs, lieutenants et soldats, de dresser le compte de leurs coups de main[1]. Deux capitaines tiennent le pays : Guillot Le Vetre[2] et Guillaume Halley[3], le plus entreprenant de tous. Ils ont avec eux des gens de Cormeilles, de Bois-Hellain, de Selles, de la Chapelle-Bayvel, d'Épaignes, de Saint-Pierre, de Saint-Sylvestre-de-Cormeilles[4], un compagnon dépaysé, Laurent Hue, qui erre à la suite d'un pèlerinage à Saint-Leu-d'Esserent[5], des gentilshommes du pays, Fouquet de la Fosse[6], Jean de Saint-Denis[7], écuyer, moitié victime, moitié complice, qui se laisse rançonner sans émoi et sert à son tour d'intermédiaire complaisant. Un de leurs indicateurs continue à résider[8] sous les murs de l'abbaye de Cormeilles[9], l'ancien retranchement du célèbre James de Pipe, d'où le routier a si longtemps bravé du Guesclin[10].

1. Entre autres, les lettres de rémission qu'on trouvera citées ci-après, au nombre d'une vingtaine, se référant uniquement à des faits survenus dans cette région. Deux de ces pièces (Arch. nat., JJ 173, n°° 513, 515) ont été visées par M. Siméon Luce dans une note des Pièces justificatives de la *Chronique du Mont-Saint-Michel*, consacrée à l'opposition du clergé normand à la conquête (t. I, n° 102, p. 178, n. 1).

2. « Le Vedre, Le Vetre. »

3. « Halle », forme que l'accentuation probable permet de ramener à celle de Halley, adoptée par l'éditeur de la *Chronique du Mont-Saint-Michel* (l. c.), et qu'on trouvera employée ici. A la même époque, on trouve d'autres personnages désignés sous l'assonance « Halet » (*Rôles norm. et franç.*, n° 187). Le nom de Halley est d'ailleurs fréquent, actuellement, dans les ports de cette partie de la côte.

4. Outre ceux dont on trouvera ci-après les noms, on rencontre : Jeannin Baudouin ; Philippot Grue, de Cormeilles ; Perrot Le Guetier, de Saint-Silvestre-lez-Cormeilles ; Colin Boutry, de la Chapelle-Bayvel ; Colin Valée, Jean Breton, Guillot Larquer, Cauchie, Poulain, de la compagnie de Guillot Le Vetre ; Huet Alaine, de Selles, qui s'évade des prisons de Pont-Audemer en 1427 (Arch. nat., JJ 174, n° 93) ; Robin Le Changeur, prisonnier à Brionne en juillet 1428 (Bibl. nat., Cab. des Titres, P. or., *Poolin*, n° 8). Jean Delamare, boulanger, d'Épaignes, soldat régulier français, ayant prêté autrefois serment, est prisonnier à Rouen, à la même époque, en mai 1426, Arch. nat., JJ 173, n° 517.

5. Saint-Leu-d'Esserent (Oise, cant. de Creil), dont la splendide église, ancien prieuré de Cluny, domine la vallée de l'Oise, entre Creil et Beaumont.

6. La Fosse, Eure, cant. de Beuzeville, comm. de Saint-Maclou.

7. Saint-Denis, Eure, cant. et comm. de Brionne.

8. Arch. nat., JJ 173, n° 513.

9. Cormeilles, abbaye de l'ordre de Cîteaux, au diocèse de Lisieux, auprès du bourg du même nom. La Grande-Compagnie y avait longtemps dominé tout le Lieuvin, et vendit cher l'évacuation qu'elle consentit à opérer en 1362 (Siméon Luce, *Hist. de Bertrand du Guesclin*, p. 361-362 et 369-370).

10. L'abbé de Cormeilles était alors Guillaume Bonnel, de Cormeilles même,

La veuve de l'un d'eux, Yolette Halley, jeune et galante, naguère épouse de Jean Halley, « en son vivant brigand[1] », continue à résider à Cormeilles et conserve « grande accointance à ceux qui repairoient et fréquentoient illecques[2]. » Jusqu'à un moine, frère Jean de Guiseville[3], bénédictin de Préaux[4], qui a quitté son cloître pour les bois, et qui mène une compagnie à l'assaut nocturne de sa propre abbaye. Le nom du « moine de Préaux, » de « dom Jean de Guiseville, » revient avec persistance dans chaque témoignage, dans chaque récit de ses compagnons d'aventure, qui semblent avoir conservé une admiration reconnaissante pour son audace et pour sa force.

Le Vetre et sa compagnie « repairent » dans les bois de la Vigne[5], de Tourville[6], par pelotons de dix à trente hommes. En juin 1424, on voit sa compagnie[7] aux environs de Moyaux, sur la route de Cormeilles à Lisieux[8] ; en mai 1425, dans les

en charge dès 1408, mort en 1437 (*Gall. christ.*, t. XI, col. 848). Il était assez dévoué à la cause anglaise pour avoir été consulté sur le jugement de la Pucelle, De Beaurepaire, *Recherches sur les juges.*

1. « Jean Halet, rebelle, » est dépouillé d'une maison qu'il possède à Harfleur par lettres de Henri V, du 13 juin 1418. *Rôles norm. et franc.*, n° 187.

2. Arch. nat., JJ 173, n° 513.

3. L a*Chronique du Mont-Saint-Michel* (*l. c.*) porte : « Jean de Guilleville ». Il y a un Guilleville en Beauce (Eure-et-Loir, cant. de Janville). Mais les textes (n°° 513 et 534) ne portent que « Guiseville, Guisebeville. »

4. Saint-Pierre-de-Préaux, abbaye de l'ordre de Cîteaux, au diocèse de Lisieux, aujourd'hui ruinée. La dénomination actuelle du lieu est Notre-Dame-des-Préaux, fraction de la commune de Les Préaux.

5. « Tant ès bois de la Vigne que ailleurs » (n° 523). La carte de Cassini marque un groupe d'habitations du nom de « Labigne » sur la rive droite de la Calonne, au-dessous de Cormeilles, au milieu d'autres dont la désignation désigne un canton anciennement boisé.

6. « Dans les bois de Tourval où ledit Marin detenoit ung prisonnier de Brionne » (n° 535). Ce doit être Tourville-sur-Pont-Audemer, au sud de Pont-Audemer, plutôt dans la direction de Brionne. La distance serait trop grande jusqu'au hameau de Courval, sur le bord de l'embouchure de la Seine, un peu au-dessus de Quillebeuf, mentionné souvent dans les textes contemporains (marquis de Blosseville, *Dictionnaire topographique du département de l'Eure*), et dont un phare de la côte rappelle seul aujourd'hui l'emplacement.

7. Elle compte dans ses rangs le partisan Pierre Lami, fait prisonnier, comme on l'a vu, en mars 1424, au combat livré près de Boissy-Lamberville. Arch. nat., JJ 173, n° 509.

8. Rémission pour Renaud D ivy, cultivateur, de Moyaux, pour faits de complicité. Doc. en date du 24 mars 1426 : faits remontant à la Saint-Jean 1424. Arch. nat., JJ 173, n° 390.

bois autour de Cormeilles[1]; l'an suivant, à la fin de février 1426, autour de Moyaux encore[2]; huit jours après, dans les bois de Cormeilles[3]; puis sur la Rille, dans la direction de Brionne, sous son lieutenant Marin[4]. Guillaume de Brévedent a servi dans ses rangs avant d'aller rejoindre les lignes françaises du Maine[5].

Halley hante de préférence les bois d'Hébertot[6], les alentours de Saint-Sylvestre-de-Cormeilles, « la Chapelle-Biset[7] », « la vallée de Torcel[8] ». Dès 1424, les environs du Bec-Hellouin voient paraître les partisans : le bourg est l'objet d'une réquisition de drap pour habiller les insurgés[9]. En mai et juin 1425, la compagnie tient fortement les bois de Cormeilles, recrutant des villageois de la Chapelle-Bayvel[10], d'Épaignes[11], de Bois-Hellain[12]. Un

1. Rémission pour Guillaume Bouchier, cultivateur, de la Chapelle-Bayvel, partisan. Doc. en date de mai 1426 : faits *remontant* à un an. Arch. nat., JJ 173, n° 523.

2. Arch. nat., JJ 173, n° 390. Voir n. 4 : faits remontant à un mois.

3. Rémission pour Colin Duquemin, tanneur, de Cormeilles, partisan. Doc. en date d'avril 1426 : faits remontant aux environs de la mi-carême (7 mars). Arch. nat., JJ 173, n° 513.

4. Rémission pour Jean Thomine, boucher, de Saint-Pierre-de-Cormeilles, complice et partisan. Doc. en date de mai 1426 : faits récents. Arch. nat., JJ 173, n° 535.

5. Arch. nat., JJ 173, n° 520. Voir ci-dessus.

6. Lisière de la forêt de Touques vers le Lieuvin. La dénomination d'Hébertot est actuellement partagée entre les communes de Saint-Benoît et Saint-André, près de laquelle est situé le château d'Hébertot. Jean d'Hébertot, écuyer, avait pr. é serment au roi d'Angleterre dès février 1419. *Rôles norm. et franç.*, n° 1229, 1238.

7. « A la Chapelle-Biset qui est à ung quart de lieue d'ilecques (Saint-Sylvestre-de-Cormeilles, semblerait-il), laquelle chapelle qui est ès bois » (n° 513). Faut-il reconnaître dans ce lieu la Chapelle-Becquet, entre Cormeilles et Pont-Audemer (comm. de Saint-Siméon)?

8. « En ung hostel assis en une vallée appelée la vallée de Torcel où demeure Josset Briffaut » (n° 534). Un grand nombre de groupes d'habitations portent aux environs le nom de la Vallée joint à quelque autre dénomination, surtout dans le vallon qui débouche dans la Calonne, par la droite, immédiatement au-dessous de Cormeilles.

9. Rémission pour Jean de Saint-Denis, écuyer, de la vicomté de Pont-Audemer, demeurant « loing de forteresse et en pays hanté de brigands », pour faits de participation. Doc. en date de décembre 1424 : faits récents. Arch. nat., JJ 173, n° 38.

10. Arch. nat., JJ 173, n° 523.

11. Arch. nat., JJ 173, n° 436.

12. Arch. nat., JJ 173, n° 515.

samedi de marché, à Bourgtheroulde, dans la direction de Rouen,
une panique effare tout à coup la population : les partisans sont
signalés ; la route d'Elbeuf est coupée ; la terreur bloque dans le
bourg des paysans de la Londe, des carriers d'Orival, qui n'osent
rentrer chez eux, le curé de La Haye[1], venu au marché avec les
gens de la campagne, et qui vit de leur existence, à l'hôtellerie
et à la halle[2]. En septembre, la compagnie de Halley a tué un
traînard isolé, ancien soldat de la garnison de Cherbourg. Des
Anglais des places de la côte opposée se rassemblent pour venger
leur camarade et montent une expédition privée, sorte de contre-
guerilla curieuse à constater. Menés par John Michiel, Anglais
établi à Beuzevillette, au-dessus de Tancarville[3], ils prennent des
barques, traversent la baie de la Seine et viennent chercher
autour de Cormeilles le fameux Guillaume Halley, dont la renom-
mée s'étend jusque dans le pays de Caux. Ils ne peuvent l'at-
teindre, et, pour profiter de leur course, sont réduits à saccager
les maisons de trois partisans[4] qui servent dans sa compagnie[5].

L'hiver n'interrompt pas l'insurrection, qui bat son plein pendant toute l'année suivante. Dans le courant de janvier 1426, le
partisan Jean de Launay, évadé des cachots de Gacé[6], est signalé
près de Honfleur[7]. En février, Halley envoie acheter des armes
à Rouen[8] et embauche de nouvelles recrues[9]. A Bonneville[10], pendant une cérémonie qui réunit tout le clergé des environs et une

1. Une grande quantité de localités de la région portent le nom de la Haye,
joint à une autre désignation. La Haye-du-Theil, sur la route de Neubourg, n'est
qu'à deux lieues environ de Bourgtheroulde. Ce curé de la Haye porte le nom
de Pierre Le Veneur.

2. Doc. en date de juin 1425 : faits récents. Arch. nat., JJ 173, n° 372.

3. Beuzevillette, Seine-Inférieure, cant. de Bolbec.

4. Guillaume Clarice, Le Franc, Mouton, de Cormeilles.

5. Doc. en date de mars 1426 : faits remontant à six mois. Arch. nat., JJ 173,
n° 372.

6. Arch. nat., JJ 173, n° 179. Voir ci-dessus.

7. Doc. en date de mai 1426 : faits remontant à trois semaines avant le début
du carême (13 février). Arch. nat., JJ 173, n° 519.

8. Arch. nat., JJ 173, n°° 379, 526.

9. Arch. nat., JJ 173, n° 534.

10. « Bonneville. » Bonneville-Appetot, sur la rive droite de la Rille, dans la
direction de Bourgtheroulde, ou plus vraisemblablement Bonneville-la-Louvet,
sur la Calonne, à une lieue et demie environ de Cormeilles, dans la direction
de Pont-l'Évêque.

cinquantaine de gens de la campagne, à l'occasion de la première messe d'un prêtre, une compagnie apparaît brusquement : les partisans surgissent du taillis, poussant de grands cris, et « embastonnés » de toute espèce d'armes. C'est une simple démonstration, inoffensive d'intention, pour demander des vivres. Un prieur qui préside la cérémonie[1], présent à la scène, leur en fait porter au bois par deux prêtres[2] et quelques paysans qui se chargent complaisamment de les ravitailler. Des fuyards qui ont pris peur courent chercher les Anglais de Pont-Audemer, qui arrivent en hâte, mais trop tard pour les rejoindre[3]. Dans les premiers jours de mars, un lieutenant de Halley, Mathieu Clopinel, conduit une expédition de nuit contre le bourg de Beuzeville, sur la route de Honfleur : on y prend trois personnages de marque, qu'on emmène en forêt près d'Hébertot, et qu'on met à finance à 60, 40, 20 écus d'or[5]. Martainville-en-Lieuvin, quelque temps après, est attaqué deux fois ; un autre notable a le même sort[6]. D'autres menues expéditions se succèdent[4]. L'une d'elles est menée par un trio singulier, composé du moine de Préaux, du pèlerin de Saint-Leu-d'Esserent et d'un inconnu qu'on ne désigne que sous le surnom de Chopine[2].

Enfin, le mercredi de Pâques, 3 avril, une « route » de parti-

1. Il est désigné sous le nom de « le prieur de Monfouquerand ». Lieu et personnage qui n'ont pu être identifiés.

2. Jean Le Prévost et Pierre Andrieu.

3. Rémission pour Guillaume de la Haye, journalier, de la vicomté de Pont-Audemer, pour faits de participation. Doc. en date de mars 1426 (très probablement, selon l'usage, à l'occasion de Pâques, 31 mars) : faits remontant à six semaines. Arch. nat., JJ 173, n° 379.

4. Arch. nat., JJ 173, n°s 513, 534. Doc. en date d'avril, de mai 1426 : faits remontant aux environs de la mi-carême (7 mars), à quinze jours après la première semaine de carême (13 février).

5. Rémission pour Jean Halley, cultivateur, de Bois-Hellain, partisan ; pour Laurent Hue, cordonnier, partisan ; pour Guillaume Bouchier, cultivateur, de la Chapelle-Bayvel, partisan. Doc. en date de mai 1426 : faits remontant au carême, à quelque temps après l'expédition de Beuzeville, précédemment relatée. D'après l'un de ces témoignages (n° 534), démenti par les autres (n°s 515, 523), les partisans auraient mis à la question la femme d'un habitant du lieu. Arch. nat., JJ 173, n°s 515, 523, 534.

6. Arch. nat., JJ 173, n° 534 : faits postérieurs à la seconde affaire de Martainville-en-Lieuvin.

7. Arch. nat., JJ 173, n° 523 : faits remontant au carême, plutôt vers la fin, aux approches de Pâques (31 mars).

sans, guidée par frère Jean de Guiseville, arrive au point du jour sous les murs de l'abbaye de Préaux[1]. Il s'agit d'assurer la délivrance d'un autre moine, « bien ami dudit frère Jehan[2] », quelque patriote sans doute, que l'abbé du lieu[3] a fait arrêter et transférer dans la prison de Pont-Audemer. La compagnie ne traîne pas avec elle d'échelle de siège, comme celles qu'on a vu les partisans du Bocage se garder dans leurs retraites[4]. Le religieux en prend une dans le bourg, escalade les portes, les démolit de l'intérieur pour faire entrer ses compagnons, trouve au dedans sept moines tremblant de peur, qu'il harangue énergiquement et fait emmener vite dans les bois de Campigny[5], dans l'espoir d'un échange. Surviennent les Anglais de Pont-Audemer, qui engagent le combat et font prisonniers cinq partisans, qu'on expédie dans les geôles de Rouen[6].

Malgré cet éclat[7], les compagnies ne désarment pas. On n'a plus occasion depuis, il est vrai, de voir surgir les noms de Guillaume Halley, de Le Vetre ou de frère Jean de Guiseville. Mais l'état de la région ne paraît pas pour cela s'être modifié. Le gouvernement anglais a tenté d'organiser la défense. Des dizeniers sont institués dans les paroisses pour essayer d'encadrer les gens de village, pour fouiller les bois, traquer et saisir les partisans[8].

1. On a vu la situation de l'abbaye de Préaux. Elle figure dans les places occupées au temps de la Grande-Compagnie (Siméon Luce, *Hist. de Bertrand du Guesclin*, Tableau des lieux forts). Charles VII y logea quelque temps, après la reprise de Honfleur, en mars 1449 (De Beaucourt, *Hist. de Charles VII*, t. V, p. 27).

2. Arch. nat., JJ 173, n° 513.

3. Arch. nat., JJ 173, n° 534. L'abbé de Saint-Pierre-de-Préaux était alors Jean Moret, dont on voit l'élection autorisée par lettres de Henri V, en date du 22 août 1420 (*Rôles norm. et franç.*, n° 1487), et qui prête serment le 5 mars 1421 (*Gall. christ.*, t. XI, col. 840). Étant encore en charge, il se trouvait présent, lors du procès de Jeanne d'Arc, à la scène du cimetière de Saint-Ouen. De Beaurepaire, *Notes sur les juges et assesseurs du procès de condamnation de Jeanne d'Arc*.

4. Arch. nat., JJ 173, n° 115. Voir ci-dessus.

5. « Campaigne » (Arch. nat., JJ 173, n° 513). Campigny, sur la Véronne, à une lieue et demie environ de Préaux.

6. Doc. en date d'avril, de mai 1426 ; faits remontant (3 avril) au « mercredi d'après Pasques communaulx » (31 mars). Arch. nat., JJ 173, n°° 513, 534.

7. C'est peut-être à la suite de cette aventure qu'on dut procéder à la purification de l'église de Préaux : « Ecclesiam effuso sanguine pollutam reconciliari vel expiari curavit anno 1427. » *Gall. christ.*, t. XI, col. 840.

8. Ces faits résultent de la pièce citée ci-après, où Richard Chelloy, cultivateur,

Premier essai, important à relever, de cet armement des campagnes, si imprudemment généralisé quelques années plus tard[1], et qui fera jaillir contre les envahisseurs ces armées paysannes de la plaine de Caen, du pays de Caux et du Bocage, capables de bloquer une ville, de mener un siège et de marcher en ligne au combat. Mais déjà cette ébauche de milice locale ne semble pas avoir réussi aux conquérants. Au bourg de la Lande, entre Cormeilles et Beuzeville, où elle fonctionne, vers avril ou mai 1426, une compagnie a attaqué de nuit le village et éclairé sa retraite en incendiant quinze bâtiments, étables, granges ou maisons. Un des dizeniers en charge, Richard Chelloy, pactise ouvertement avec les insurgés : il en héberge plusieurs, les fournit de provisions, va leur acheter des armes à Rouen, et en tient un dépôt chez un voisin[2], où les Anglais de Pont-Audemer, opérant une perquisition, découvrent la « musse », dont le contenu le fait arrêter sur-le-champ[3].

Les partisans ont toutes les campagnes pour complices : quand on voudra les armer contre eux, « gens de village » et « brigands » ne feront qu'un.

SUR LA SEINE.

Ce groupe de compagnies franches pouvait tendre la main, par-dessus le fossé de la Seine, à d'autres bandes armées dont l'existence et l'activité se manifestent sur une étendue bien plus vaste encore.

Le long de la côte périlleuse et trouble qui s'étend de Honfleur jusqu'au delà du travers de Caudebec, en bordure des chenaux

---

est signalé comme exerçant ces fonctions à la Lande, village situé entre Cormeilles et Beuzeville, sur la route de Honfleur, dont le territoire communal compte actuellement deux à trois cents habitants. Voici la description du village : « Loing de toutes forteresses et garnisons de gens tenant nostre parti... près des bois esquelz iceulx brigans repairoient et fréquentoient à grant force continuellement » (Arch. nat., JJ 173, n° 426).

1. Sur ce point, voir les Chroniques de Normandie, et le conseil prêté au duc d'Orléans, alors captif en Angleterre (éd. Hellot, p. 82), Monstrelet (éd. Douët d'Arcq, t. V, p. 104), Chartier, (éd. Vallet de Viriville, t. I, p. 173), la Chronique du Mont-Saint-Michel (éd. Siméon Luce, t. I, p. 36 et n. 1), Thomas Basin (éd. Quicherat, t. I, p. 103).

2. « En l'ostel de Michelet Moue. »

3. Rémission pour Richard Chelloy, cultivateur, de la Lande, pour faits de participation. Doc. en date de mai 1426 : faits récents. Arch. nat., JJ 173, n° 426. Cf. n° 379.

variables, des plages indécises entre le sol et le flot, les partisans du Lieuvin ont des havres, des abris, des embarcations de mer à portée, sur lesquelles ils passent d'une terre à l'autre, à travers les bancs, les courants, les dangers de l'entrée de Seine.

De la haute mer jusqu'aux étranglements qui limitent alors le débouché du fleuve, la côte est gardée par des places toutes situées sur la terre du nord, où les forces naturelles, depuis la période historique, ont plus sûrement fixé le rivage. Harfleur, Montivilliers, Caudebec, à cette époque, paraissent les seules villes régulièrement armées[1]. Tancarville[2], un des commandements du chenal, Lillebonne[3], un peu plus engagée, même alors, dans les terres, n'ont pas de garnison appréciable. Le lieu fort de la Carrière-Drumare, à la crête des falaises de Saint-Vigor, entre Tancarville et Harfleur[4], semble abandonné depuis longtemps[5]. Mau-

1. Ces trois places figurent seules dans les comptes de Normandie.

2. Tancarville, malgré l'importance de la situation, n'y est pas mentionné. Cette place aurait-elle été enlevée peu après Harfleur, dès 1415 (Chéruel, *His-toire de Rouen*, p. 20, et Pièces just., p. 13, n. 7, d'après Deville, *Histoire du château et des sires de Tancarville*)? Elle ne dut cependant capituler qu'entre le 30 janvier 1419 et le 5 janvier 1420 (*Rôles norm. et franç.*, n°° 276, 719). On lui voit un commandant au début de l'invasion (*Rôles norm. et franç.*, n°° 675, 1359). En 1428, de même (Boucher de Molandon et Adalbert de Beaucorps, *l'Armée anglaise*, Pièces just., n° 96). Le château fut enlevé par les insurgés cauchois vers la fin de 1435 et resta français près de deux ans (De Beaucourt, *Histoire de Charles VII*, t. III, p. 7, 11; *Chron. norm.*, éd. Hellot, p. 84-88. et notes, n. 262). Il fut reconquis en 1449, par le même traité que Rouen (De Beaucourt, *l. c.*, p. 18, n. 5).

3. Lillebonne capitule presque aussitôt après Rouen, le 31 janvier 1419 (*Rôles norm. et franç.*, n° 277). On lui voit un commandant en mai 1421 (*Ibid.*, n° 1296). Place enlevée par les Cauchois en même temps que Tancarville à la fin de 1435, reprise par les Anglais dans l'été de 1436 (De Beaucourt, *l. c.*, p. 6, 8. *Chron. de Norm.*, éd. Hellot, p. 84-87). Réoccupée un instant par les Français en 1439 (De Beaucourt, *l. c.*, p. 19). Reconquise en 1449 par le même traité que Rouen (De Beaucourt, *l. c.*, p. 18, n. 5).

4. Saint-Vigor-d'Ymonville, village situé sur le plateau, entre le Nay de Tancarville et le cap du Hode (Seine-Inférieure, cant. de Saint-Romain-de-Colbosc).

5. Ce curieux lieu fort, dont on ne voit pas trace au temps de la Grande-Compagnie, était aux mains du parti bourguignon au moment de la révolution de 1418 (De Beaurepaire, *Accord conclu*, *l. c.*). De novembre 1438 à mai 1439, on le retrouve de nouveau armé, et aux mains des Anglais, sous le même capitaine que Tancarville : il avait dû, sans doute, comme tant d'autres places abandonnées de la région, être enlevé et « emparé » par les Cauchois en 1435, puis repris par les troupes anglaises (Bibl. nat., Cab. des Titres, P. or., *Miners*, n°° 4, 8, 11). Sa situation offre une frappante analogie avec celle de la Roche-d'Orival, lieu fort situé dans les falaises crayeuses qui dominent Elbeuf, men-

levrier, sur le bord des forêts qui surplombent Caudebec[1], les châteaux du Trait[2] et des Moulineaux[3], les plus haut situés sur la Seine, en approchant de Rouen, sont désemparés sans doute depuis la fin de la guerre civile et le début de l'invasion étrangère[4].

Les partisans de 1426 n'en sont pas encore au point de couper toute communication entre les deux terres, comme on le verra faire dix ans plus tard[5]. Ils n'arment pas en course, comme les Dieppois d'alors, pour venir croiser et donner chasse devant l'estuaire de la Seine[6]. Ont-ils déjà fortifié, au débouché de la Rille, les escarpements de la pointe de la Roque, qui seront le refuge d'un nouveau corps d'insurgés, lors du grand soulèvement de 1435[7]? Toujours est-il qu'ils ont des intelligences à Grestain[8], près de

tionné plusieurs fois au siècle précédent (Siméon Luce, *l. c.*). Un groupe d'habitations sur le territoire communal de Saint-Vigor-d'Ymonville porte actuellement le nom de Drumare ou de Ferme-Drumare.

1. Maulevrier, sur la lisière de la forêt du même nom, près du chemin de Caudebec à Yvetot (Seine-Inférieure, canton de Caudebec).

2. Le Trait, village dominant un coude de la Seine, entre le fleuve et la forêt du même nom (Seine-Inférieure, cant. de Duclair).

3. Les Moulineaux, entre la forêt de la Londe et la Seine (Seine-Inférieure, cant. de Grand-Couronne).

4. Le château de Maulevrier est aux mains du parti bourguignon au moment de la révolution de 1428 (De Beaurepaire, *Accord conclu, l. c.*). Il figure dans l'énumération des places conquises par Henri V, donnée par Monstrelet (*Monstrelet*, éd. Douët d'Arcq, t. III, p. 309). — Le château du Trait, de même (*Ibid.*, *id.*, *ll. cc.*). — Le lieu fort des Moulineaux, qu'on ne voit pas signalé en 1418, est souvent mentionné au temps de la Grande-Compagnie (Siméon Luce, *Hist. de Bertrand du Guesclin*, tableau des lieux forts). Il figure sous le nom de « Chasteau-Moulineau » dans la liste de Monstrelet (*l. c.*). En 1428, une compagnie livrera combat non loin de là. En 1436, une autre rencontre a lieu sur le même point (Bibl. nat., ms. fr. 26060, n° 2765).

5. Bibl. nat., ms. fr. 26060, n° 2747; Cab. des Titres, P. or., *La Perreuse*, n° 2 : faits de janvier 1436. Bibl. nat., ms. fr. 26065, n° 3749 : levée de gens de guerre dans les vicomtés de Bernay et de Pont-Audemer « pour garder et tenir seure la mer, mesmement à l'endroit de la gueulle et bouche de Seine ordonner tel nombre de gens et navires qu'il convient, » avril 1439. Cf. n. 2.

6. Bibl. nat., ms. fr. 26066, n°s 3844, 3855, 3856 : faits de 1439. Cf. n. 1.

7. « La Roque de Rille » est occupée et « remparée », en mars 1436, par une compagnie de partisans. La Roque-sur-Rille, à peu de distance de la pointe de la Roque, est actuellement une fraction de la commune de Saint-Samson-de-la-Roque. On y voit des traces d'ouvrage fortifié qui portent encore le nom de Camp-des-Anglais. Bibl. nat., ms. fr. 26060, n° 2772.

8. Grestain, abbaye de l'ordre de Cîteaux, au diocèse de Lisieux, dont il ne subsiste plus que quelques pans de mur, près des parages les plus dangereux de l'entrée de la Seine. Grestain est une fraction de la commune actuelle de

l'abbaye[1], où ils ont un dépôt d'armes[2], en un point de la côte où ils savent la traîtrise des passes, les risques du flot, et la façon de s'en faire des complices. Aux abords de Caudebec, ils disposent des barques, des canots de pêche du pays[3]. Aux heures propices, ils s'engagent en Seine et débarquent sous le rempart des falaises de Caux, où ils pénètrent à volonté par des routes à eux. En septembre 1426, la situation devient telle que le bailli de Rouen est obligé de mander à celui de Caux de saisir toutes les embarcations de la côte et de les mettre sous bonne garde dans les villes closes de son ressort, et ce « pour cause des ennemis du roi qui de jour en jour passent et s'efforcent de traverser la rivière[4]. » Le témoignage est expressif et vaut qu'on s'y arrête. Il caractérise la vitalité et l'esprit d'entreprise des compagnies du Lieuvin, qui ont acquis le droit d'alarmer de la sorte un ennemi victorieux et tout-puissant, contre lequel il semble qu'il soit folie de s'obstiner au combat.

Au-dessus de Rouen, le long du fleuve, dont les côtes ne sont plus que des berges, Pont-de-l'Arche, soutenu dans les terres par Louviers, qui rejoint Evreux, le roc de Château-Gaillard, le pont fortifié de Vernon[5] et le donjon privé de la Roche-Guyon[6],

Fatouville-Grestain (Eure, cant. de Beuzeville). L'abbaye ne paraît pas avoir été jamais fortifiée. Charles VII y fit un assez long séjour, en février 1449, au moment de la reddition de Honfleur (De Beaucourt, *Hist. de Charles VII*, t. V, p. 26-27).

1. L'abbé de Grestain était alors Richard de Thieuville, en charge en 1411, mort en 1435 (*Gall. christ.*, t. XI, col. 842). On ne le voit pas figurer au procès de Jeanne d'Arc.

2. Rémissions pour Guillaume de la Haye et Richard Chelloy. Arch. nat. JJ 173, nᵒˢ 379, 526.

3. Pour ce qui suit : — mandement de taxation du lieutenant général du bailliage au vicomte de Rouen, pour frais de voyage (14-15 septembre) du messager ayant porté le mandement, en date de Rouen, le 21 septembre 1426. Bibl. nat., ms. fr. 26049, nᵒ 625.

4. « Que l'en feist arrester et retraire ès villes closes tous les batiaux de la rivière de Saine, pour cause des ennemis du roy, nostre sire, qui, de jour en jour, passent et s'efforchoient traverser ladicte rivière. » Bibl. nat., ms. fr. 26049, nᵒ 625.

5. Toutes ces places sont mentionnées dans les comptes de Normandie.

6. La terre et le château de la Roche-Guyon, confisqués sur Perrette Bureau de la Rivière, veuve de Guy VI de la Roche, et sur les héritiers de celui-ci, avaient été donnés à Guy Le Bouteiller, par lettres de Henri VI, du 20 mars 1420 (*Rôles norm. et franç.*, nᵒ 783).

La place, héroïquement défendue par Perrette de la Rivière, s'était rendue en avril 1419 (Hellot, notes des *Chron. de Norm.*, n. 140). Le texte même des qui serrent le débouché de l'Epte, s'échelonnent à d'assez longues distances. — Au delà sont Mantes et Meulan, à l'extrémité du Vexin, puis Poissy, la tour de Montjoye et Saint-Germain, qui guettent les abords de Paris [1]. — Le travers d'Elbeuf n'a pas encore les ouvrages fortifiés de l'île de la Bastille [2] : les lieux forts des Goulets, dans le long chapelet d'îles qui divisent la Seine au-dessous de Vernon [3], sont jetés bas depuis deux ans [4].

Chroniques de Normandie présente ici quelque obscurité, la date assignée à la prise du château (6 avril) étant la même que celle du début du siège (cf. *Chron. de Norm.*, éd. Hellot, p. 48, et *Rôles norm. et franç.*, nᵒˢ 359 et 360). La Roche-Guyon ne figure pas sur les comptes de Normandie et fut gardée par les moyens de son nouveau possesseur. Elle est menacée en 1428 et 1436 (voir ci-dessous). Lors de la reconquête, elle capitule le 12 septembre 1449 (De Beaucourt, *Hist. de Charles VII*, t. V, p. 8, n. 5, et Pièces just., nᵒ 1).

1. Toutes ces places sont mentionnées dans les comptes de Normandie.

2. Diverses pièces comptables de 1440 et 1441 mentionnent l'existence de « l'île fortifiée devant Elbeuf ». Ces ouvrages de défense devaient s'élever dans l'île qui porte actuellement encore le nom d'île de la Bastille. Une seconde île, celle de Saint-Gilles, aujourd'hui réunie à la première, divisait alors le bras de Seine qui la sépare de la terre du nord. Quatre autres îles voisines, à présent soudées à celles-ci, formaient autrefois dans la traversée d'Elbeuf un petit groupe coupé de chenaux. La garnison de l'ouvrage de l'île de la Bastille comporte cinquante-deux hommes d'armes et archers, et une petite flottille de foncets et de baleiniers. Bibl. nat., Cab. des Titres, P. or., *Burdett*, nᵒ 16, et *Gérard*, nᵒ 10.

On ne voit plus mentionner à cette époque la Roche-d'Orival, le lieu fort situé à la crête des falaises d'Orival, qui domine Elbeuf (Seine-Inférieure, cant. d'Elbeuf, comm. d'Orival), lieu si souvent signalé au temps de la Grande-Compagnie (Siméon Luce, *Hist. de Bertrand du Guesclin*, tableau des lieux forts).

3. Les lieux forts du Grand-Goulet et du Petit-Goulet étaient situés, dit M. Siméon Luce (*Hist. de Bertrand du Guesclin*, p. 430, n. 1, et Pièces just., nᵒ 54), dans une île de la Seine, l'île aux Bœufs, dépendant du territoire communal de Notre-Dame-de-l'Isle (Eure, cant. des Andelys). — De la traversée de Vernon jusqu'au large bassin de la Garenne, la longue ligne droite de la Seine, sur plus de trois lieues, est coupée par une file d'îlots placés bout à bout, qui laissent entre eux de véritables détroits : l'orifice de l'un d'eux, entre l'île Miène et l'île aux Bœufs, est déterminé par le village de Notre-Dame-de-l'Isle, sur la rive du nord, et par le hameau du Goulet (Eure, cant. de Gaillon, comm. de Saint-Pierre-la-Garenne), sur celle du sud.

4. Le Grand-Goulet et le Petit-Goulet avaient capitulé le 26 février 1419, à la suite des autres places du Vexin (Rymer, *Fœdera*, vol. IV, part. 3, p. 95. Cf. *Rôles norm. et franç.*, nᵒ 316). Il faut sans doute les reconnaître sous la désignation de « les Boulles », dans l'énumération, précieuse par elle-même, mais demeurée si défigurée, des places conquises par Henri V, que donne Monstrelet (*Monstrelet*, éd. Douët d'Arcq, t. III, p. 309). Ils furent démolis en exécution d'un mandement de Henri V au bailli de Gisors, daté du siège de Meaux, le 8 février 1422 (*Rôles norm. et franç.*, nᵒ 1078).

Dans cette direction du cours de la Seine, le point préféré par
les partisans, pour opérer le passage difficile du large fossé de
Normandie, semble être la partie qui s'étale vers le débouché de
l'Eure, vers ces parages où vient mourir le flot de marée qui ren-
verse deux fois par jour la marche du courant du fleuve. C'est là
que naguères l'armée d'invasion, cherchant à s'ouvrir les chemins de Rouen, a forcé la défense de la Seine, pendant le siège
de Pont-de-l'Arche, en juillet 1418. C'est là que huit canots,
intrépidement commandés par le seigneur de Cornouailles, ayant
derrière eux, à la traîne, un cheval chargé de canons légers, se
sont emparés d'une île, puis du passage même, à la vue de huit
cents lances françaises et de douze mille gens des communes,
paralysés par la guerre civile et demeurant inactifs devant ce
trait de bravoure folle[1]. À présent, c'est vers ce point que se
dirigent, en petits groupes ou en compagnies menaçantes, les
partisans qui changent de pays, ou qui, pour mieux faire, tiennent
à gagner les approches de Rouen.

Dans la forêt de Pont-de-l'Arche, vers les bois qui contournent
Elbeuf, se tient depuis le début de l'invasion un redouté chef de
bandes, Pierre Le Bigourdais[2], qui hante les bois de Saint-
Didier[3] et de la Saussaye[4], et dont les courses s'étendent jusqu'aux faubourgs d'Évreux. Enfant du pays, originaire du village voisin de la Haye-Malherbe[5], ayant à Louviers toute la
famille de sa femme, il combat sous un sobriquet de guerre pour

---

1. Sur ce point, voir le récit curieux de Monstrelet (t. III, p. 275-278). Si le
passage s'opéra devant l'abbaye de Bonport, un peu au-dessous de Pont-de-
l'Arche, sur la rive du sud, l'île occupée est l'île de Bonport. Les Chroniques
de Normandie (p. 40-41) disent qu'il eut lieu à deux endroits, le précédent et
un autre situé en face les Damps, un peu au-dessus de Pont-de-l'Arche, sur la
même rive; l'île qui se trouve là est l'île Saint-Pierre, qui marque, en aval, le
débouché de l'Eure. La Chronique d'un Bourgeois de Verneuil parle d'un pont
de claies jeté en l'un ou l'autre de ces points sur la Seine (*Chronique d'un
Bourgeois de Verneuil*, éd. Hellot, dans le *Bulletin de la Société de l'histoire de
Normandie*, t. III, années 1880-1883). Pont-de-l'Arche est assiégé le 1er juillet
et capitule le 20 (Hellot, notes des *Chron. de Norm.*, n. 116).

2. Rémission pour Guillaume Ravenier, cultivateur, de Louviers, beau-frère
de Pierre Le Bigourdais, pour faits de complicité. Doc. en date de février 1426 :
faits remontant entre la Madeleine et quinze jours après la Toussaint (22 juil-
let-15 novembre 1425). Arch. nat., JJ 173, n° 355. Cf. Bibl. nat., ms. fr. 26050,
n° 889.

1. Saint-Didier-des-Bois, Eure, cant. d'Amfreville-la-Campagne.

2. La Saussaye, ibid., id.

3. La Haye-Malherbe, Eure, cant. de Louviers.

ne pas compromettre les siens, et, du nom tronqué de son village, n'est connu des Anglais eux-mêmes que comme le brigand Pierre de la Haye. Il y a huit ans qu'il tient ainsi la campagne. En juillet 1425, il vient de livrer un combat malheureux aux ennemis. Quelque temps après, il prend sa revanche en leur enlevant un sergent, Guillaume Guibelet, qu'il retient prisonnier en forêt. En novembre, il est à son tour capturé sous les murs d'Évreux, et les ennemis, en dépit des ordonnances royales, traitent avec lui l'échange de leur fonctionnaire contre sa liberté, ou, sinon, d'une rançon de soixante écus d'or et de trois marcs d'argent. Libéré contre toute attente, il continue à tenir la campagne : on l'y retrouvera préparant contre les remparts bien gardés de Rouen le projet de surprise héroïque qui lui coûtera la vie.

Les partisans de la forêt de Pont-de-l'Arche font face à ceux des bois de l'Andelle, qui prolongent la forêt de Longboël. Là, dans le courant de 1424, se dispersent les débris d'une compagnie détruite[1]. Un des fugitifs, séparé des siens, met en lieu sûr sa provision de poudre et va se terrer dans les ruines du manoir de Rouville[2], en face l'embouchure de l'Eure.

Dans cette section de la Seine, entre les falaises crayeuses d'Elbeuf et la célèbre côte des Deux-Amants, qui signale de si loin la rive de l'Andelle et les terres du Vexin, le dédale des îles et des chenaux, les berges noyées, les coudes brusques et les anses profondes du fleuve, l'abri tout proche des bois sans fin, assurent aux partisans la protection la plus sûre et la plus efficace.

Vers 1424, une compagnie qui se tient sur la rive du sud se transporte de force[3] de Criquebeuf[4] à Freneuse[5], en s'emparant

1. Rémission pour Jean Émery, de la vicomté de Pont-de-l'Arche, pour faits de complicité envers le partisan Colin Lerat, qui plus tard se rend Anglais et prend la croix rouge. Doc. en date du 10 mai 1426 : faits remontant à deux ans. Arch. nat., JJ 173, n° 511.

2. Le château de Rouville, entre les bois et la rive nord de la Seine (Eure, cant. de Louviers, comm. d'Alizay), en face de l'île du même nom, dont la pointe marque en amont le débouché de l'Eure dans un des bras de la Seine.

3. Rémission pour Pierre de Surgy, pêcheur de poisson d'eau douce, de Criquebeuf-sur-Seine, pour faits de participation. Doc. en date de janvier 1429 : faits remontant à la sixième année antérieure. Arch. nat., JJ 174, n°s 25 et 260.

4. Criquebeuf-sur-Seine, sur la rive sud, entre Elbeuf et Pont-de-l'Arche (Eure, cant. de Pont-de-l'Arche).

5. Freneuse, sur la rive nord, en face de Criquebeuf (Seine-Inférieure, cant. d'Elbeuf). Un point de passage, marqué actuellement par un bac, se dessine assez nettement entre deux îles, l'île Lamy et l'île de Criquebeuf, dans un che-

des canots de pêche, fait habituel et constant, assure le texte
qui mentionne l'événement. Est-ce également là que traverse,
en avril 1424, le parti français expulsé de Compiègne, les vies
sauves, et qui, quinze jours après, surprend par escalade, sur
l'autre rive, le château de Gaillon[1], où cette poignée d'hommes
va se maintenir pendant trois mois contre toutes les forces
anglaises[2]. Fait presque extravagant de ces années fertiles en
sujets d'étonnement, où les bornes connues du courage et de
l'audace semblent reculer à chaque pas[3].

C'est en tout cas exactement vers les mêmes parages que se
dirige, en avril 1428, un suprême effort des partisans de la
région[4]. Cette fois, ils ont réuni toutes leurs forces, et ils tiennent
en nombre les bois de Pont-de-l'Arche et d'Elbeuf. Leurs ras-
semblements ont une portée plus inquiétante : ils servent d'éclaireurs et de guides à un parti régulier français qui cherche à s'appro-
cher de Rouen en traversant la rivière[5]. Les nouvelles sont telles,
leur projet de se rendre maîtres du passage est si menaçant, que
le bailli de Rouen, le 17 avril, fait mander au vicomte de Pont-
de-l'Arche, comme naguère au bailli de Caux, les précautions les

nal coupé lui-même de deux îlots. Les chemins du sud viennent y converger
de la forêt de Pont-de-l'Arche. En face, des sentiers mènent vers Freneuse,
Tourville-la-Rivière, de l'autre côté de la presqu'île, et à Sotteville-sous-le-Val,
d'où les bois rejoignent la forêt de Longboël.

1. Gaillon, sur la rive gauche de la Seine, à quelque distance du fleuve, entre
Vernon et Louviers (Eure, ch.-l. de cant., arr. de Louviers).

2. Sur les circonstances de la reprise de Gaillon, voir ci-dessous, Annexe 1.

3. On ne discute pas ici l'hypothèse d'un passage de la Seine, qui aurait été
exécuté en août 1422 par un groupe de partis français du Maine, sous Jean
d'Harcourt, comte d'Aumale, pour aller débloquer, sur les bords de l'Epte, bien
avant dans le Vexin, la place de Dangu. On démontrera, lorsqu'il sera question de Dangu, qu'il s'agit du lieu fort de Dangeul, entre Mamers et le Mans.
Voir ci-dessous le Vexin et l'Annexe 2.

4. Pour ce qui suit : — mandement du lieutenant général du bailliage de
Rouen au vicomte de Pont-de-l'Arche, en date de Rouen, le 17 avril 1428 : —
quittance de Jean de Cintray, chevalier, pour voyage, en avril, à Louviers, le
Neubourg et Elbeuf, en date du 12 mai. Bibl. nat., ms. fr. 26050, n°° 873, 884.
Cf, n°° 896, 894, 889, 888.

5. « Pour ce que sur le pays y avoit brigans et aultrez gens de guerre, ennemis et adversaires du roy... que l'en doubtoit qu'ilz ne venissent passer la
rivière de Saine. » Bibl. nat., ms. fr. 26050, n° 884. « Pour ce que plusieurs
adversaires et brigans sont dedens vostredicte viconté, tant en forestz que
ailleurs, et fréquentent souvent fois en entencion de passer la rivière de
Saine, dont plusieurs et grans inconvéniens se pourroient ensuir. » Bibl. nat.,
ms. fr. 26050, n° 873.

plus minutieuses pour prévenir le danger. Tous les bateaux, canots, chalands, pirogues de la rivière sont à retirer immédiatement de leurs lieux de stationnement habituel, le jour comme la nuit, sous peine de prison, dans le plus bref délai ; ordre d'amener toutes les embarcations devant Pont-de-l'Arche[1], ou autres lieux forts de la vicomté, pour y être gardées rigoureusement, surtout le soir tombé. Quant aux patrons de bacs, défense absolue de passer des inconnus ou des étrangers au pays, quels qu'ils soient, même isolés et se présentant un à un : ils devront s'assurer de l'identité de leurs passagers, et les obliger à se faire reconnaître, le tout sous leur responsabilité et sous les mêmes peines. A Louviers, au Neubourg, à Elbeuf, les jours de marché, on notifie l'ordonnance à cri public, sur les places : un officier de la vicomté de Pont-de-l'Arche s'y transporte et procède à la proclamation contre ces « brigands et ennemis du roi », qu'on ne peut arracher du sol, et dont le sang répandu ne sert qu'à perpétuer la race.

Le point faible, comme on voit, est toujours le même : la rive du sud[2], entre Elbeuf et le débouché de la vallée de l'Eure[3]. C'est là que les partisans réussissent encore une fois à tromper la surveillance de l'ennemi, et à opérer malgré tout le passage de la rivière[4], qui livre les routes de Rouen, les approches et la vue des remparts, à l'intérieur desquels quelques âmes bien trempées n'ont pas encore perdu courage.

Germain LEFÈVRE-PONTALIS.

1. A ce sujet, voir les lettres de Henri V, du 6 février 1419 (*Rôles norm. et franç.*, n° 209 : 6 et 7).

2. « Au bort de ladite rivière, eu costé devers lesdis adversaires. » Bibl. nat., ms. fr. 26050, n° 873.

3. La direction où sont prises les mesures de précaution : Elbeuf, Louviers, le Neubourg, montre bien que c'est ce côté qui est menacé.

4. Au commencement de mai, le lieutenant général du bailliage de Rouen se fait escorter de Rouen à Pont-de-l'Arche « pour doubte des chemins et dangiers des brigans qui *estoient passez la rivière de Saine ès parties de Pont-de-l'Arche* ». Mandement de taxation du vicomte de Pont-de-l'Arche, en date du 31 mai, pour faits récents. Bibl. nat., ms. fr. 26050, n° 896.

JULIEN HAVET

Notre confrère Julien-Pierre-Eugène Havet est décédé à Saint-Cloud le 19 août 1893, à l'âge de quarante ans. Les obsèques ont été célébrées le surlendemain à l'église de la Madeleine à Paris. Sur la tombe, au cimetière de Montmartre, M. Léopold Delisle et M. Jules Lair se sont faits les interprètes des sentiments de profond regret qu'une mort aussi cruelle et aussi inopinée inspire à tous ceux qui ont connu Julien Havet, principalement à la Bibliothèque nationale et à l'École des chartes.

A la suite de ces discours, nous insérons la notice que notre confrère avait rédigée en 1892, d'après le plan adopté par la Société, pour entrer dans la « Bibliographie des travaux publiés par les anciens élèves de l'École des chartes. »

DISCOURS DE M. L. DELISLE,

ADMINISTRATEUR GÉNÉRAL DE LA BIBLIOTHÈQUE NATIONALE.

Messieurs,

Rarement la Bibliothèque nationale a été éprouvée par un malheur comparable à celui qui la frappe aujourd'hui. Elle perd en Julien Havet un de ses fonctionnaires les plus distingués, un de ceux qui lui ont rendu le plus de services, un de ceux sur lesquels elle fondait les plus grandes et les plus légitimes espérances. La carrière qu'une mort si imprévue vient de brusquement interrompre a été courte; mais elle a été si bien remplie qu'on s'étonnera du nombre et plus encore de la valeur des travaux qui ont pu être entrepris et menés à bonne fin pendant une période aussi restreinte.

Dès sa plus tendre jeunesse, Julien Havet laissa deviner des dons naturels qui se développèrent, comme par enchantement, sous les yeux et la direction de son illustre père et dont il devait faire un si noble emploi. Déjà, sur les bancs de l'École des chartes, par son application à s'assimiler l'enseignement de tous les professeurs et par la méthode qu'il suivit pour recueillir et mettre en ordre les matériaux de sa thèse, il avait fait preuve d'une rare aptitude aux œuvres d'érudition. Ceux qui avaient dès lors entrevu son ardeur au travail, l'étendue de sa mémoire, la clarté de ses idées, la sûreté et la finesse de sa critique, l'aménité et la fermeté de son caractère, la délicatesse de sa conscience, savaient quel précieux concours il donnerait à l'établissement littéraire qu'il serait appelé à servir.

D'heureuses circonstances permirent à la Bibliothèque nationale de l'enrôler aussitôt dans les rangs du personnel du Département des imprimés. Pendant les dix-huit ans qu'il y a passés, il n'a pas cessé un seul jour de donner l'exemple du strict accomplissement du devoir et de montrer que, dans les besognes les plus humbles, même dans celles que des esprits superficiels peuvent trouver fastidieuses, il y a moyen d'exercer son intelligence et de déployer des talents d'un ordre supérieur.

Il s'était rendu compte de l'origine et par là même de la raison de traditions qu'il est plus facile de dédaigner que de comprendre, et, après avoir docilement appris à les respecter, il savait à son tour en démontrer l'utilité et l'importance, comme on le vit en 1890 quand il expliqua aux élèves de l'École des chartes, dans un petit nombre de leçons, les principes d'après lesquels doivent être préparés et disposés les éléments du catalogue d'une grande bibliothèque.

Le respect des traditions s'alliait chez Julien Havet à un très vif amour du progrès, à un esprit d'initiative très hardi et à une rigueur de principes dont il ne fut jamais tenté d'abuser, tant il savait avec quelle prudence il fallait toucher aux rouages de mécanismes compliqués et vieillis, tenir compte de ressources limitées et ne point s'exposer, par excès de zèle, à désorganiser des services qui ne supportent point la moindre interruption. Aussi toutes les améliorations dont il a eu l'idée, et qu'il a réalisées d'accord avec ses collègues, ont-elles pu se concilier avec nos anciennes habitudes et s'introduire graduellement sans jamais amener aucune perturbation.

C'est surtout dans le bureau des entrées, auquel il a toujours été spécialement attaché et dont la direction lui fut confiée en 1890, qu'il eut l'occasion de nous faire profiter de ses connaissances encyclopédiques, de sa familiarité avec les langues et les littératures de toute l'Europe et même d'une partie de l'Orient, de son intelligente curiosité, de ses habitudes d'ordre et de sa parfaite entente des besoins des différentes classes de lecteurs qui fréquentent la Bibliothèque nationale. C'est là qu'on le vit faire complètement abstraction de ses goûts personnels et se préoccuper de faire arriver sur nos rayons tout ce que nous avons l'obligation de réclamer au dépôt légal, en essayant, par des démarches auprès des administrations, des auteurs ou des libraires, de combler les lacunes résultant des imperfections de la loi et des négligences ou des oublis des imprimeurs.

La nécessité de veiller à tous ces détails administratifs, d'assurer la conservation d'impressions dépourvues en apparence de caractère littéraire, historique ou scientifique, de défendre les intérêts de la Bibliothèque contre les prétentions des fournisseurs, n'altérait jamais sa bonne humeur. A ses yeux, tout ce qui pouvait contribuer à l'accroissement et au bon ordre des collections prenait de l'importance et était digne de fixer l'attention et de prendre le temps d'un bibliothécaire. Il y apportait les mêmes soins qu'à ces travaux historiques auxquels il a consacré tous ses loisirs et qui devaient, nous en avons la conviction, lui ouvrir à bref délai les portes de l'Académie des inscriptions et belles-lettres.

Les mémoires qu'il a publiés sous le titre de *Questions mérovingiennes* ont eu un grand retentissement en France et en Allemagne. On peut dire que, sur des points essentiels, il a renouvelé la critique de documents qui sont au premier rang parmi les sources de la partie la plus ancienne de nos annales. Il a enlevé tout crédit à des textes sur lesquels personne avant lui n'avait élevé le moindre soupçon, et il a ouvert des voies nouvelles à la diplomatique sur un terrain que les érudits des deux derniers siècles et ceux de l'époque contemporaine avaient battu dans tous les sens. Qui de nous n'a pas admiré la sagacité avec laquelle il a étudié les systèmes d'écritures tironiennes, et notamment celui qui avait cours en Italie au xe siècle et qui lui a livré le secret d'une partie de la correspondance politique de Gerbert?

www.ingramcontent.com/pod-product-compliance
Lightning Source LLC
LaVergne TN
LVHW052151080426
835511LV00009B/1795